The Curse of Education

교육의 오류

Harold Edward Gorst 저

황기우 역

저자 서문

이 작은 책의 제목을 '교육의 오류'라고 붙였다고 해서 내가 우리 문화를 폄훼했다고 오해하지 말았으면 좋겠다. 더 적합한 용어가 필요하겠지만, 교육이라는 말은 전통적인 양육과 교육 방법, 그리고 문명국가에서 청소년들에게 이런저런 내용을 가르치는 일이다. 내가 교육에서 발견한 주된 결함은 획일화와 평범함이라고 생각한다. 교육 시스템은 아이들의 타고난 성향과 관계없이 모든 아이에게 똑같은 것을 제공하고 그것을 아이들의 정신에 쟁여 넣는 보편적인 방법을 이용하여 획일화와 평범함을 제조해낸다. 국가가 교육개혁의 문제를 강하게 부르짖고 나오는 순간 나는 내가 진실로 믿는 사실, 기존 교육 시스템의 기초를 형성하는 모든 원칙이 절대적인 오류라는 점에 관심을 집중해야겠다고 생각했다. 자연적인 발달과 자기 교육과는 반대로 가는 가르침은 그 자체가 사회가 발전하는 과정에서 인간의 진보를 가로막는 거대한 암초다.

역자 서문

3년 전 자료를 검색하던 중 우연히 해롤드 고스트^{Harold}
^{Edward Gorst}의 저서 "교육의 오류^{The Curse of Education}"를 발견
하고 놀랐던 기억이 생생하다. 더구나 이 책이 120년 전에 출
판된 사실을 알고서 느꼈던 전율은 아직도 잊을 수 없다. 한
세기를 훌쩍 뛰어넘은 1901년에 어쩌면 이와 같이 족집게처럼
예리하게 교육의 결함을 정확히 짚어낼 수 있었는지 도무지 믿
기지 않았다. 책을 읽다 보면 미래의 교육을 꿰뚫어 본 고스트
의 통찰력에 저절로 감탄하게 된다. 하지만 장구한 세월이 흐
른 21세기에 이르러서도 여전히 학교 교육의 사악함에서 벗어
나지 못하는 현실에 깊이 절망하는 한편, 제일을 다하지 못한
후세대로서 부끄러운 마음이 든다. 혹시 앞으로 120년 후 교육
의 모습도 현재와 크게 다르지 않을까?라는 불길한 예감은 부
디 상상으로 그치길 바랄 뿐이다.

역사적으로 보면 영국은 교육을 사적 영역으로 간주하여
국가가 교육에 개입하지 않는 자유 방임주의의 전통을 유지했

다. 이는 영국의 공교육제도가 이웃 나라보다 더 늦게 발달한 배경이기도 하다. 하지만 산업혁명으로 사회구조가 변화하면서 상황은 달라졌다. 전통사회가 붕괴하고, 농촌을 떠나 도시로 향하는 행렬이 줄을 잇고, 길거리에는 실업자와 노숙자가 급증하는 등 당시 영국은 온갖 사회문제로 골머리를 앓고 있었다. 이런 와중에 공장 노동자의 공급이 절박해지자 농민의 자녀에 대한 교육의 필요성이 긴급해졌다. 이에 영국 정부는 뒤늦게 교육제도를 정비하여 1860년에 부랴부랴 공교육을 제도화했다. 물론 공장형 교육모델에 기초했으며 교육내용은 프로이센과 별반 다르지 않았다. 대중들에게 교육은 물론 문자사용조차 허용하지 않았던 영국 정부가 공교육제도를 확립한 이유는 순전히 군사력과 경제력의 필요성 때문이었다. 고스트가 쓴 "교육의 오류"는 이와 같은 영국 사회의 대격변기에 등장했다.

당시 영국의 이런 사회문제와 교육 현상을 예리하게 관찰한 고스트는 120년 전 영국의 교육제도에 나타난 실상을 낱낱이 파헤친다. 고스트가 주장하는 교육의 치명적인 결함은 인간을 마네킹으로 제조해내는 평범함과 획일성이다. 얼핏 보면 결함치고는 너무 단순하고 싱거울 수 있다. 하지만 고스트는 다음과 같이 주장한다. "평범함과 획일성이야말로 자연의 섭리에 반하는 사악한 것이며 개인, 사회, 국가는 물론 인류 문명의 발달을 방해하는 근원이다. 학교가 아이들의 마음에 사실을 쟁여 넣는 보편적인 교육 방법, 특히 아이들의 타고난 성향과 관계없이 모든 개인에게 공통 과정을 강제로 주입하여 제조해내는 획일성과 평범함은 아이들의 천재성과 독특한 개성을 죽이는 독약이며 자연의 의도가 전혀 아니다."

그는 또한 지난 세기 동안 거의 모든 문명국가가 국가 교육 계획에 열렬히 참여한 사실을 꼬집어 비난한다. 즉, 인류는 자연적인 발달이 아닌 인위적인 교육 계획의 공산품이 되었으며 획일적인 교육을 받은 평균인은 진정한 개성의 소유자가 아닌 제작자의 도장이 찍힌 단순한 제조품에 불과하다는 것이다. 특히 그는 교육적인 의미에서 개인의 능력과 사회적 지위의 불일치야말로 세계가 겪는 최악의 비극이라고 주장하면서 이런 결과가 최대 다수의 최대 불행이라는 참담함으로 이어지는 당시의 교육 현실을 개탄한다.

고스트는 학교 교육 시스템을 인류 발전의 치명적인 방해물로 규정하고 만약 학교 교육이 없었더라면 인류 문명은 더욱 건전한 방향으로 진보했을 것이라고 단언한다. 다소 황당하게 들릴 수 있겠지만 조금 더 생각해 보면 곧 우리의 무지를 깨닫게 된다. 환경파괴와 기후 변화, 전쟁, 테러, 불평등, 인종차별, 빈곤 등 실제로 현대 사회를 벼랑 끝으로 몰고 가는 모든 사회 문제의 근원은 학교 교육이 아닌가? 실제로 학교 교육이 단순한 사실들을 아이들의 뇌에 강제로 넣고 인간 마네킹을 제조하고, 권위에 대한 순응을 강조하고, 경쟁을 부추기고, 소비지상주의를 조장했다. 학교 교육은 여기에 그치지 않고 자연이 허용한 뇌의 무한한 발달을 제한하여 창의성과 다양성을 질식시킴으로써 인간의 다양한 삶을 지나치게 단순화하는 치명적인 우를 범했다. 이는 결과적으로 학교 교육이 인류의 진보를 가로막은 장애물이 아닌가? 학교 교육의 결함에 대한 그의 해박하고 논리정연한 주장은 결코 공허하게 들리지 않는다.

고스트가 펼치는 교육의 목적은 모든 사람이 자기 능력과 재능을 발달시키도록 조력하여 자연이 그가 점유하도록 의도한 삶의 자리에 적합하게 안착하도록 안내하는 일이다. 그러므로 그는 학교 교육이 아이들의 타고난 재능과 경향성을 파괴한다고 간주하고 외부에서 개입하는 교육을 극렬히 반대했다. 그는 실제 가르침이나 가르침의 모양을 띤 것조차 엄격히 피할 것을 경고하며 "불언지교"를 강조한다. 고스트는 아이들에게 자유를 허용하고 교육의 책임을 맡기는 이른바 자연주의 교육, 자기교육에서 그 해법을 찾는다. 간단히 말하면, 학교 교육이 아닌 가정중심 교육, 즉 홈스쿨링, 언스쿨링, 그 밖의 여러 가지 비전통적인 교육의 실현 가능성을 시사한다.

이런 점에서 고스트에게 교육개혁은 존재하지 않으며 오직 교육 혁명만이 있을 뿐이다. 이는 한마디로 학교 교육과 정반대의 새로운 교육모델의 추구를 의미한다. 고스트가 그리는 교육 혁명은 학교를 폐지하고 모든 아이가 자기 관심을 추구하여 스스로 변하도록 돕는 일이다. 고스트는 혁명의 첫 과제로 초등학교의 폐지를 제안한다. 즉, 그는 학교 교육의 시스템을 폐지하고 아이들의 재능, 적성, 경향성을 사전에 철저히 파악한 후, 자기 선택에 따라 스스로 자기 길을 자유롭게 결정할 기회가 허용되는 새롭고 거대한 교육기관을 구상했다. 생각할수록 그의 혜안에 어안이 벙벙할 뿐이다. 당시 사람들은 교육의 비용 문제, 실현 가능성을 들어 허튼소리로 일축했다. 그러나 그가 지난 120년 전에 꿈꾸었던 교육 비전은 1970년대 일리치의 "탈학교사회Deschooling Society"를 거쳐 그 실현을 바로 눈앞에 두고 있다.

최근 우리 사회에 학교 교육에 대한 비난과 비판이 봇물과 같이 쏟아지고 있다. "학교는 감옥이다", "학교 교육은 지옥이다", "학교는 아이들의 창의성을 죽인다" 등 온갖 극단적인 용어로 학교 교육을 공격해도 누구 하나 제대로 반박하는 사람이 없다. 학교 교육의 현실을 무참하게 비난하는 뉴스매체나 유튜브를 접하면서도 남기는 댓글은 그 나물에 그 밥이고 그래서 어찌라는 식이다. 학교 교육이 심각한 작동 불능 상태라는 사실을 인지하면서도 교육을 어찌해보겠다는 의지는 보이지 않는다. 교육의 공정성에 대해서는 눈을 부릅뜨면서도 정작 치명적인 학교 교육의 재앙에 대해 침묵하는 이유는 무지의 탓인지, 자기 패배에 빠진 현실 긍정인지 아리송할 뿐이다.

"매년 전교 1등을 놓치지 않기 위해 학창 시절에 공부에 매진한 전문가"가 최고의 전문가라는 뉘앙스를 풍기는 기사가 눈길을 끈다. 고스트라면 뭐라고 했을까? "이들은 전혀 자연물이 아니다. 정신을 인위적으로 채굴한 공산품에 불과할 뿐이다. 한마디로 자연의 영향과 조건에 의해 교정되지 않은 교육 시스템의 구현물이다. 이들은 일반적으로 사람들이 의심하는 정도보다 훨씬 더 심한 인공 정신질환자의 태도를 나타낸다."라고 고스트는 말한다. 실력도 없이 아는 척하며 거드름을 피우고 허세로 가득 찬 얼치기 지식인이라는 의미다. 학교에서 줄곧 1등만 하는 아이는 장차 유능한 인재로 성장하여 천재가 될 것이라는 통념은 고스트가 말하는 치명적인 교육의 오류와 재앙이다. 이 사실은 역사가 증명한다. 정반대가 진실이다.

진심으로 교육을 걱정하는 사람도 드물지만 그런 사람조차 교육과 정부 정책에 대한 비난을 퍼붓고 나면 그것으로 할 일을 다했다는 태도로 일관한다. 비난은 넘치고 대안 없는 메아리만 남는다. 참 안타까운 현실이다. 답이 없으면 제자리에서만 맴돌지 말고 반대편으로 눈을 돌려야 하지 않는가? 12년간의 학교 교육이 낳은 경직된 사고는 이제 고개를 돌리는 것조차 잊어버린 인간 마네킹으로 만들었다. 현재의 학교 교육을 적당히 손보아 개선하거나 개혁하려는 눈속임 방식은 이미 구식이며 결코 시대정신이 허용하지 않는다. 하루건너 지식이 두 배로 증가하고 자고 나면 신기술이 우리 일상을 바꾸는 이미지의 시대다. 학교 교육은 아무리 현실에 안주하려고 발버둥을 쳐도 도도한 시대의 흐름은 결코 막을 수 없다. 신세대와 신기술은 이미 오래전에 학교 교육에 조종을 울렸다.

교육은 120년 전에도 재앙이었고 21세기에도 마찬가지로 재앙이다. 아이 관심과 개성을 무시하고 구조화된 교육과정, 표준화 시험, 주입식 교육에 기반하는 학교 시스템은 모든 아이를 똑같이 취급하는 컨베이어 벨트에 올려놓고 아이의 호기심과 학습 본성을 짓누르는 사악한 제도다. 이제 이런 시스템은 설 자리가 사라졌다. 자연이 허용한 아이의 타고난 호기심과 학습 욕구는 작은 불꽃이다. 보호하고 때맞춰 연료를 공급하지 않으면 쉽게 꺼지고 마는 연약한 불꽃이다. 아이들의 내적 호기심에 불꽃을 일으켜 보호하고 아이들이 평생 그것을 밝히도록 필요한 연료를 공급하고 조력하는 새로운 교육모델이 요구되는 시대이다. 더 이상의 지체는 곤란하다. 120년 전에 고스트가 관통한 교육의 오류와 재앙은 현재에도 여전히 유효하며 유일한 해결 방법은 교육의 틀을 새롭게 짜는 교육 혁명이다. 지금은 학교 교육schooling이 아닌 언스쿨링unschooling으로 눈을 돌려 교육의 미래를 찾을 절호의 기회다. 언스쿨링은 오래된 미래 교육이다.

이 책의 원제는 "교육의 저주The curse of Education"지만 저주가 미래보다 현실에 대한 비판과 분노의 표현인 점을 고려하여 교육의 오류로 바꾸었다. 오류는 뭔가 잘못된 것을 발견하여 바로 잡으려는 점에서 긍정적인 미래지향의 의미가 들어있다. 고스트의 주장이 모두 옳은 것은 아닐 것이다. 독자에 따라 사회계층, 남녀차별 의식 등 당시 사회상에 다소 불편함을 느낄 수 있을 것이다. 하지만 현재가 아닌 한 세기 전의 상황을 상상하면서 읽다 보면 조금은 마음이 편해질 것이다. 종래의 교육비평과 달리 교육의 변죽이 아닌 근본적인 뿌리를 들추고 있는 점에서 고스트가 부모, 교사, 교육학자, 교육정책 결정자들에게 던지는 메시지는 더없이 큰 울림이 될 것이다. 부디 이 작은 책이 급변하는 상상의 시대에서 새로운 교육모델을 찾느라 허둥대는 한국교육을 밝은 미래로 안내하는 등대가 되기를 기대한다.

이 책을 번역하는 과정에서 많은 분의 신세를 졌다. 초고를 꼼꼼히 읽고 소중한 조언을 해주신 한국 언스쿨링 연구소 연구원들께 감사드린다. 특히 이 책의 교정과정에 헌신적인 노력을 기울인 배근하 선생님과 코로나 팬데믹의 어려운 여건 속에서도 책의 출판을 기쁘게 허락해주신 박영스토리의 관계자 여러분께 감사의 말씀을 전한다.

2020년 10월
역자 황기우

서 평

"고스트는 우리 문화를 폄훼하려는 의도로 '교육의 오류The Curse of Education'라는 제목을 붙이지 않았다고 조심스럽게 말한다. '교육'은 아이들을 기르고 가르치는 전통적인 방식을 표현하는 말이다. 고스트는 우리 교육의 결함은 교육 시스템, 아이들의 정신에 사실을 쟁여 넣는 보편적 방법, 특히 아이들의 타고난 성향을 고려하지 않고 모든 아이에게 공통 과정을 강요하여 평범함과 획일성을 제조해내는 방식에 있다고 고발한다. 여러 가지 면에서 우리는 고스트와 철저히 한마음이라는 사실을 굳이 숨기지 않는다. '평범함의 전성시대', '둥근 구멍 속의 네모난 못', '인간 공장', '천재성의 파괴', '얼치기 지식인', '소년의 퇴보', '청소년과 범죄', '정신질환', 그 밖의 많은 주제 등에 걸쳐 그는 교육의 결함을 흥미롭고 명쾌하게 꿰뚫어 분석한다. 우리는 우리 시대의 가장 중요한 문제에 관심 있는 모든 사람에게 이 책을 추천한다."

—출판사 홍보 및 서적 판매상 보고서, 1901년 7월

"고스트는 루소의 관점에서 글을 쓰고 있다. 하지만 루소가 일반적으로 문명의 관점에서 인간의 고통과 비효율성을 비판하는 반면, 고스트는 더욱 철학적인 관점에서 교육을 비판한다. 인류는 수백 년 동안 젊은이들을 어리석은 교육의 틀 속에 집어넣어 기형으로 만들었다. 오늘날 우리는 여전히 똑같은 방식으로 아이들의 인성, 재능, 개성을 죽이고 있다. 직업의 지위 불일치를 초래하고 얼치기 지식인과 부적응자를 양산하고 있다. 만약 우리가 더 무지했더라면 자신의 환경에 더 잘 적응하여 더 행복하고 더 유능하고 활기 넘치는 독특한 개인들을 배출했을 것이다."

−에티컬 레코드(The Ethical Record), 1901년 10월

유익하고 많은 생각을 하게 하는 책이다.

−독자

국가 방호의 약점을 건강하게 지적하고 실제적인 해결책을 제시하는 책이다.

−선데이 스페셜(The Sunday Special)

불행하게도 이 나라의 역대 정부보수당과 자유당에서 주판알만 튀기던 기회주의 정치가에게 내뱉는 저자의 통쾌한 경멸은 사려 깊은 동료 정치인들의 공감을 얻을 것이다.

−파이낸셜 뉴스

저자가 제시하는 '취지'는 국가발전에 큰 도움이 될 것이다.

−아웃룩(The Outlook)

차 례

제1장

평범함의 전성시대

인간발달에서 자연적 발달과정은 가벼이 여기고 교육계획에 따른 체계적 발달과정은 점점 더 중시하는 추세다. 교육을 받은 사람이 대량생산된 평균인들이라면 진정한 개성의 소유자는 아닐 것이다. 그는 제조사의 도장이 찍힌 단순 제품일 뿐이다.

하지만 이런 현상은 매년 더 심각해지고 있다. 지난 세기 동안 거의 모든 문명국가는 국가주의 교육 시스템의 강화에 거의 광적으로 집착했다. 그 결과는 참담했다. 대다수 인류는 국가가 일률적으로 처방한 지식의 약을 억지로 삼켜야 하는 어이없는 상황을 맞았다. 이제 영국은 이런 교육 경쟁에서 크게 밀린다는 비난을 받는다. 물론 다른 나라들은 우리나라보다 더욱 정교한 교육 시스템을 자랑하고 있다.

영국의 아이들이 6파운드의 사실로 채워진다면 독일과 프랑스의 아이들은 7파운드의 사실로 채워진다. 독일과 프랑스가 우리를 앞서는 이유는 바로 이 점 때문이다. 우리가 국제경쟁에서 패배의 쓴잔을 마시지 않으려면 우리 교육 시스템을 대륙의 표준까지 끌어 올려야 할 판이다.

이런 중요한 문제를 깊이 논의하기 전에 우리는 현재의 교육 시스템이 실제로 인류를 위해서 무엇을 했는지 조사할 필요가 있다. 속담에 "일은 막상 당해 보아야 안다."라는 말이 있다. 교육의 관점에서 보면 교육목적과 교육이론을 배우는 일은 분명히 중요한 자산이다. 하지만 전 세계에 퍼져있는 이런 체계적인 교육의 효과에 대해서는 아무런 언급이 없다. 그러므로 교육의 효과를 밝히려면, 우리는 삶 자체로 돌아가서 그 결과를 놓고 판단해야 한다.

먼저 위인의 부족 현상은 너무 분명해서 별도의 설명이 필요할 것 같지 않다. 사람들은 지적인 거인의 시대가 완전히 사라져 크게 두려워하고 있다. 이런 현상은 특히 정치 분야에서 두드러진다. 글래드스턴Gladstone과 디즈레일리Disraeli 시대 이후 의회의 토론은 희망이 전혀 보이지 않고 지극히 평범한 수준으로 떨어졌다. 피트Pitt, 폭스Fox, 파머스턴Palmerston, 필Peel 등의 전통은 거의 신화가 되었다. 그러나 현재 대부분 국가에서 모든 사람에게 무상으로 제공하는 의무교육제도는 교육 발전에 엄청난 변화를 일으켰다. 그런데도 유명한 프로이센의 공교육 시스템과 교사들은 결코 또 다른 비스마르크를 탄생시키지 못했다. 프랑스는 수 세대 동안 교육용 방앗간에서 열심히 기계를 돌렸으나 나폴레옹의 공급은 현저히 감소했다.

공무원의 채용방식을 보자. 누가 정부 내 주요 부서의 공무원으로 임명되는가? 어떻게 선발되는가? 공무원들은 단순한 시험으로 선발한다. 그들은 경쟁시험에서 가장 뛰어난 점수로 합격문을 통과한 사람들이다. 그들의 뇌는 사실과 기계적인 지식이 경쟁자보다 더욱 효과적으로 쟁여진 사람들이다. 임용 후보자의 역량, 행정 능력, 또는 세계에 관한 지식을 얼마나 보유했는지는 선발 과정에서 큰 의미가 없다. 일단 공무원들이 정부 부처의 특정 지위나 관직에 오르게 되면 그런 것들은 별로 중요시되지 않는다. 공무원들의 정신은 오직 라틴어, 그리스어, 수학, 역사, 지리학 등으로 잔뜩 채워지면 끝이다. 이는 모든 사실을 빈틈없이 꽉꽉 채워 넣어 수년간 기억에 남도록 철저한 주입식 방법을 이용한다. 정부의 여러 부처는 수많은 임용 후보자들을 기다리고 있다. 각 직책에 선발된 후보자의 정신은 사실을 쟁여 넣는 과정에 철저히 예속됨으로써 실제적인 삶의 목적을 가장 효과적으로 파괴한다.

원인이 무엇이든지 다양한 부서에서 일하는 전 공무원들의 수준이 이제 일반적으로 평범한 사람, 평균인이라는 사실이 더욱 뚜렷이 드러났다. 공무원들의 충성심과 헌신성이 보편화 되면서 우리 주변에서 행정의 천재들을 찾아볼 수 없게 되었다. 사실이 실재가 되어 나타났다. 남아공에서 일어난 전쟁의 특징인 실수와 오판과 같은 국가적 대재앙의 원인은 결과적으로 정부 한 부처의 중대한 실수가 아니라, 정부 전반에 걸친 비효율성과 그 밖의 다른 요인들과 깊이 관련되어 있다는 매우 불편한 진실을 세상에 드러냈다.

국방부는 오랫동안 세상이 다 아는 복마전이었다. 만약 진실이 정부의 중요한 한 부처의 책임이 아니라 정부의 전반적인 문제로 밝혀졌다면, 국민의 감정은 더욱 큰 충격을 받고 분노했을 것이다. 다행히 그러나 유감스럽게도 정부의 빨랫감은 보통 집에서 세탁한다. 즉, 진실이 누설되어 공분을 자아내는 상황은 끔찍한 비상사태일 때뿐이다.

이런 일이 발생하게 되면 이런저런 정부 부처의 비효율성에 대한 비난이 홍수를 이룬다. 권력을 쥔 정부는 소요사태가 자연적으로 소멸하기를 기다리다가, 진정될 기미가 보이지 않으면, 일종의 가식적인 개혁을 시작한다. 개각한다. 헌 이름표에 새 이름표를 붙인다. 이른바 이름 갈이를 한다. 무능한 관리들은 서로 자리만 바꿔 가며 이동한다. 공공비용으로 웅장한 새 건물을 짓는다. 그리고서 모든 것은 마치 아무 일도 없었다는 듯이 예전처럼 태연하게 계속 돌아간다.

공공 서비스 자체의 법규를 조사하자고 나서는 사람은 아무도 없다. 그러나 이 조사가 끝나야 비로소 견고한 가치를 갖게 되는 진정한 개혁이 이루어질 수 있다. 개혁가들이 필요로 하는 것은 명칭변경, 부서별 업무의 세분화, 세부사항의 구체화 등이 아니다. 공무원의 여러 가지 직책과 직무의 중요성은 부차적이기 때문에 무능한 행정부의 잘못은 행정부의 내부에 있다고 보기도 어렵다.

문제는 공무원들의 능력 자체에 있다. 공무원들은 자기 지위에 자신들을 배치한 어리석은 제도의 희생자들이다. 그들이 받은 교육은 기계적인 지식이 전부여서 일상 업무 이외에 다른 업무에는 쓸모가 없다. 이유는 경쟁시험의 준비과정에서 가장 반지성적인 지식을 꾹꾹 쟁여 넣어 뇌를 마비시켰기 때문이다. 경쟁시험이 주는 긴장감은 분명히 공무원들의 특성이 되어야 하겠지만 결국 주도성을 상실하여 그런 결과를 자초하게 되었다.

진보에 반대하는 모든 비밀은 여기에 감춰져 있다. 개혁의 대상은 바로 신분이 보장된 공무원들이다. 그들은 일반적으로 평범하기 때문에 그들의 일상생활은 전형적인 보수주의를 대표한다. 진보는 이상을 의미하기 때문에 평범한 사람들은 스스로 이상을 논하는 일이 없다. 대신 그들은 체계적인 학교 교육을 받으면서 평생 지속하는 이상의 도구를 다른 사람들에게서 물려받는다. 우리가 특별히 준비한 평범함을 공무원들에게 주입하게 되면 행정부서는 계속 반동적 태도를 유지해 갈 것이다. 교육이 체계적인 계획을 쟁여 넣는 것과 비슷하게 되는 한, 평범함은 계속 생산될 것이다.

이와 관련된 좋은 실례는 군대를 들 수 있다. 다른 어느 분야보다도 개인의 주도성과 독립성이 요구되는 군인의 태도를 준비하는 과정에서 청년들에게 지식을 주입한 결과는 전쟁터에서 패배하는 참담한 현실로 나타났다. 우리 시대에서 가장 위대한 장군 중 한 사람은 남자와 공무원들이 스스로 생각하고 행동하도록 훈련해야 필요성을 강조하는 캠페인을 벌이다가 집으로 돌아갔다. 바로 이 전쟁과 사실은 우리에게 가르쳐 준 교훈 중 단연 최고일 것이다. 하지만 다시 말하지만 여기서 훈련 교본의 변경, 경험 많은 장군들의 강연 또는 군대의 명령을 통해 유용한 개혁을 달성할 수 없다. 잘못된 것은 우리의 전체 교육 시스템이다.

소년들은 샌드허스트의 육군 사관학교에 가기 전에 이미 사실들로 가득 채워진 상태이며 그곳에 도착하면 특별한 과목에 집중한다. 이런 과정이 겨냥하는 전체 목표는 지원자들을 단순한 시험에 통과시켜 훌륭한 장교 배출을 억제하는 데 있다. 이곳의 효과는 다른 곳과 비슷하다. 정신 속에 주입된 지식이 나중에 아무것도 남지 않게 하는 방식을 이용하여 일부는 유용하고 일부는 쓸모없는 지식을 생도들에게 쟁여 넣는다. 설상가상으로 이 모든 것들은 무한한 가치가 있는 군인들의 능력이 적절히 발달하지 못하도록 지체시키는 희생을 치르면서 진행된다.

사실 전쟁은 대부분 상식 부족 때문에 실패한다. 상식은 스스로 생각하고 판단하는 개인의 능력이다. 대부분 이런 능력은 교육이 완전히 파괴하기 때문에 교육은 분명히 해로운 것이다. 상식은 인간에게 주어진 가장 가치 있는 선물이며 천재의 본질이다. 상식은 모든 세세한 일에 지능을 적용하여 성취과정에서 고도의 지능이 결정적으로 작용하게 한다. 그러나 아이를 양육하고 청소년을 가르치는 전통적인 방법이 바로 이 상식을 파괴하기 때문에 이는 모든 특성 중에서 가장 희귀한 것이다. 그러므로 우리가 주체적인 인간과 주도성을 발휘하는 공무원 양성을 희망한다면, 반드시 현대적인 교육 방법의 원리에서 일어나는 근본적인 변화를 조사해야 한다.

우리는 가는 곳마다 이 평범함의 저주를 발견한다. 직장, 술집, 설교강단, 의사들 사이에서, 그것은 어디에서나 존재한다. 물론 똑똑한 사람들도 있다. 그러나 그들의 이름이 금방 떠오르는 것을 보면 그들은 그 자체로 능력이 탁월하다는 증거이다.

물론 세상을 곧이곧대로 살아가는 사람들은 사회의 각계각층에 유능한 사람이 많아지리라는 기대는 턱없는 일로 생각할 것이다. 나는 그것을 상황의 비애감으로 정의한다. 심지어 식자

층에서조차 세상을 대부분 평균인으로 채워야 한다는 주장을 당연하게 수용하는 분위기이다. 이 순간에도 세상에는 복잡한 문명의 요구 조건에 맞춰 탄생한 전통적인 생각들이 지배적인 점은 의심의 여지가 없다. 그러나 나는 이것을 사실로 인정하는 주장에 동의하지 않는다. 그와 반대로 우리의 주변에는 유능한 능력, 무한한 잠재력, 심지어 비범한 천재성을 지닌 수많은 사람이 포진해 있다.

우리의 교육 시스템은 이런 소중한 재능을 파괴하고, 이상을 사실로 대체하고, 정신을 본성에서 강제로 분리하여 인간 대신 기계를 만드는 작업으로 바삐 움직이고 있다.

제2장

둥근 구멍 속의 네모난 못

육적인 의미에서 세계가 겪는 최악의 비극은 아마 개 인의 능력과 사회적 지위의 불일치일 것이다. 이는 무엇보다 가장 비극적이다. 하지만 우리는 주변에서 자신의 본성과 성향에 맞지 않는 지위에 있는 사람들을 너무 흔히 볼 수 있다. 처음 시작했던 교육상황이 달랐더라면, 분명히 사람들은 타고난 소질에 따라 지금과 정반대 방향으로 나아가 성취와 기쁨을 누렸을 것이다.

아마 이 세상에 존재하는 개인의 가장 큰 불행 중 하나는 이런 천직 의식의 붕괴일 것이다. 하지만 그것의 치명적인 영향은 단순히 한 개인의 불행에 그치지 않는다. 그것은 사회, 국가, 인류의 전반적인 발전에 매우 사악한 영향을 미친다. 정치경제학자들이 가장 강조하는 노동 분업의 강점 중 하나는 개인의 적응과정에서 공정한 장을 제공하는 점이다. 즉, 사람들은 자신들에게 가장 적합하고 특별한 직업을 선택하기 때문에 공동체의 모든 사람은 자신이 가장 잘 할 수 있는 유용한 일에 최선을 다한다는 것이다.

매우 탁월한 이론이다. 아마 교육 시스템이 도입되기 이전이었다면 대부분 산업과 직업이 일치하여 원활히 기능했을 것이다. 적어도 당시 남자들에게는 타고난 소질을 발달시키는 상당한 기회가 있었다. 그들은 어린 시절부터 국가가 강제로 주입하는 거의 쓸모없는 지식으로 채워지지 않았으며 자기 주변에서 구할 수 있는 직업은 대체로 자신들에게 적합했다. 부모들이 원했던 목적은 자신의 신분 이상의 교육을 제공하여 사무원으로 만들거나 말단부서의 공무원으로 내모는 데 있지 않았다. 똑똑한 청년들은 아버지의 도움을 받아 자신의 재능에 맞는 직업에 종사하기 위해서 도제교육을 받았다.

물론 종종 부모의 어리석음이나 다른 원인에 따른 실수가 없었던 것은 아니었다. 그런 사례들은 젊은 시절에 강요받았던 직업과는 전혀 다른 분야의 직업에서 성공한 사람들의 일대기를 통해서 수없이 만날 수 있다.

윌리엄 허셜William Herschel 경은 천왕성을 발견하고 최초로 태양의 흑점에 관한 일반이론을 세웠다. 그의 아버지는 그를 음악가로 교육했다. 그는 천문학을 좋아했으나 온천 휴양지에서 악기를 연주해야 했다. 그는 오보에를 연주하면서 생계를 유지하다 영국 왕실의 천문학자가 되었다.

패러데이^{Faraday}는 아버지에 이끌려 제본 기술자에게서 도제훈련을 받았다. 그는 22세가 될 때까지 불쾌하고 힘든 작업장에서 일했다. 어느 날 어떤 사람이 천부적인 과학적 재능을 소유한 한 젊은이를 우연히 발견하여 험프리 데이비^{Humphry Davy} 경의 강좌를 들을 수 있도록 후원했다. 젊은 제본 기술자는 이 기회를 시점으로 대학교수와 교분을 쌓을 수 있는 행운을 얻어 결국 왕립기관의 조수 자리를 얻게 되었다.

위대한 박물학자인 린네^{Linnaeus}는 하마터면 자신에게 맞는 직업을 잃을 뻔하다 겨우 탈출한 사례이다. 그는 문법학교에 보내졌으나 책에는 전혀 관심이 없었다. 그래서 그의 아버지는 그를 제화공의 도제로 보냈다. 하지만 다행히 안목이 있는 한 의사가 자연사에 대한 소년의 열정과 사랑을 알아보고 자기 집으로 데려가 식물학과 생리학을 가르쳤다.

이런 종류의 사례들은 얼마든지 있을 수 있다. 밀턴^{Milton}은 학교 교사로 인생을 시작했다. 가장 위대한 풍경화가 중 한 명인 터너^{Turner}의 아버지는 예술에 뛰어난 감각을 지닌 아들을 이발사로 만들기 위해 온갖 노력을 다했다. 이런 이야기의 핵심은 더 이상 설명하지 않아도 잘 알 것이다. 이와 같은 몇 가지 사례는 상황의 우연성이나 개인의 특성 때문에 자신의 타고난 소질에 반하는 환경에서 벗어나기 위해서 고투한 위대한 천재들의 증거를 보여준다. 그러나 개인의 성향을 방해하는 인위적 장애물을 극복할 수 있는 능력과 인내력, 그런 우월한 재능을 가진 천재성은 누구에게나 해당하지 않는다. 이제 우리는 허셜, 패러데이, 터너, 린네 그리고 당대의 사람들에게는 다행히 존재하지 않았던 의무교육 시스템을 갖추고 있다. 의무교육은 초기 단계의 독창성과 자연적인 발달을 교묘히 망가뜨리는 제도이다.

아마 대부분 사람은 자신의 취향과 능력에 가장 잘 맞는 지위에 정확히 배치된 사람들보다 적성에 맞는 직업을 놓친 사람들의 사례를 즉석에서 인용하는 편이 훨씬 더 쉽다는 사실을 알 것이다. 성공한 사람들과 비교할 때 인생의 실패자들이 차고 넘치기 때문에 그 사실에 대한 더 이상의 구체적인 예증은 거의 필요 없을 것이다.

이런 점에서 사람들은 예리한 통찰력을 바탕으로 세계가 잘 정돈되어 있지 않은 점을 알 필요가 있다. 전문가들과 공무원들은 거의 평범함으로 불려야 마땅한 지식과 기술들로 쟁여진 점은 이미 지적했다. 이 문제와 관련하여 불행한 상황을 초래한 가장 유력한 원인 중 하나는 맹목적인 교육 시스템이 네모난 못을 둥근 구멍 속으로 끊임없이 밀어 넣는 절묘한 교육의 무오류성이다.

직업과 재능의 불일치 사례는 수없이 많다. 선천적으로 예술가와 음악가가 될 수 있었던 많은 사람이 길거리 노점에서 비참하고 비정상적인 삶을 이어가고 있다. 이런 이유는 사람들이 지닌 최상의 능력이 어린 시절에 학교 교육을 받는 동안에 발달하지 못했기 때문이다. 수학자, 철학자, 심지어 시인조차도 그들에게 맞지 않는 직업이나 일에 속박되어 있다. 소위 문학가로 부르는 많은 사람이 백분율을 계산하거나 곡물을 팔고 있다. 문화 방면의 길로 들어섰더라면 훌륭한 작가와 저널리스트가 될 수 있었을 점원들과 주식 중개인들이 있는 사실은 의심의 여지가 없을 것이다.

이 말은 농담이나 풍자가 아니다. 이는 통찰력이 뛰어난 많은 독자라면 누구나 쉽게 이야기하기 때문에 정말 진지한 사실이다. 이로 인한 손실은 개인에 그치지 않는다. 사회 전체는 물론 전 세계에 엄청난 피해를 초래한다. 아마 이를 부인하는 사람은 없을 것이다. 이런 이변은 자연적인 발달과 진보의 결과가 아니라 몇 가지 인공적 원인에서 직간접적으로 발생하는 사실이라는 것을 얼마나 많은 사람이 알 수 있는가?

사람들은 인간발달이라는 주장을 대놓고 반대하기가 쉽지 않기 때문에 일상생활의 핵심요인으로 고착된 원리는 거의 의심하지 않는다. 많은 사람은 현존하는 제도들을 조금 손질할 준비를 하면서 그것을 개혁이라는 이름으로 포장하여 중요한 것처럼 보이도록 만들고 있다. 전통은 세계가 영구적으로 보장하는 특권을 누린다. 이런 오랜 전통이 오류 위에서 세워졌기 때문에 근절해야 한다고 주장하는 사람들이 더러 있다. 그러나 이런 사람들이 전통적인 교육을 받은 사람들을 설득시키기란 거의 불가능에 가깝다.

구세계의 국가들보다 신세계의 국가인 미국은 학교와 대학에서 아이들의 개성을 장려하는 일에 심혈을 기울였다. 하지만 적어도 그런 미국에서조차 직종이나 직업의 분배 측면에서는 현재보다 더 나아질 가망이 없어 보인다. 나는 다양한 경험이 있는 미국인들을 관찰하고 몇 가지 질문을 한 적이 있다. 그 결과 타고난 소질과 성향에 맞는 적합한 역할을 하도록 양육된 사람을 찾기는 미국에서 거의 불가능한 사실을 발견했다.

미국인 친구가 나에게 한 소년의 사례를 전해 주었다. 그 소년은 매우 똑똑했다. 작은 기계 장치를 만들고, 미니 기관차를 움직이며, 이런저런 종류의 전기제품을 만지고 설치하면서 대부분의 시간을 보냈다. 어느 날 소년의 아버지는 한 기계 도매상 사무실에 심부름을 보냈다. 소년이 심부름을 마치고 돌아온 후 그의 아들이 도매상 사무실에서 기계적 천재성을 보여준 사실이 부모에게 알려졌다. 소년의 아버지는 칭찬은커녕 자기 아들에게 매우 부적절하고 불쾌한 문제를 만들었다고 불같이 화를 냈다.

내가 이 사례를 인용하는 이유는 부모들이 종종 학교만큼이나 나쁜 교육자라는 점을 보여주기 위해서이다. 이 경우 학교는 소년의 아버지처럼 아이의 타고난 소질을 거의 눈치채지 못했을 것이다. 모든 가능성을 열어놓고 보아도 분명히 학교는 결코 그것을 전혀 발견하지 못했을 것이다. 그러나 아이들은 보호자의 취향이나 편의에 맞춰 어떤 것으로도 만들어질 수 있는 존재라는 사실은 우리가 모두 인정하는 공리가 되었다. 아마 소년이 타고난 소질대로 나아가려는 길에서 벗어나도록 아버지가 아들에게 강요하는 행동은 아이에게는 잔인하고 어리석은 짓일 것이다. 그러나 이런 사실은 결코 어떤 부모들에게도 문젯거리가 되지 않는다. 한 젊은이는 기계 공학자로서 행복하고 장래가 촉망되는 직업을 추구했다. 하지만 그는 이제 소소한 적응력도 갖추지 못한 채, 아무런 관심도 없는 직업에 종사하면서 성공에 대한 작은 희망의 끈을 쥐고 몸부림치는 비참한 사람으로 전락했다.

이런 점에서 모든 국가는 똑같은 우를 범하고 있다. 예를 들어, 다른 곳과 마찬가지로 독일의 아이들은 부모와 학교 시스템의 처분에 맡겨진 노리개들이다. 나는 독일에서 여러 해를 보내면서 많은 독일 가정들과 친밀하게 지냈다. 한 소년이 열정을 다해 헌신적으로 추구했던 것에서 점차 체계적으로 밀어지면서 자신의 독특한 기질과 완전히 반대되는 불쾌하고 절망적인 직업을 강요받는 상황을 목격한 경험이 있다. 이 슬픔은 내 마음속에 지울 수 없는 인상으로 깊이 각인되어 있다.

이 소년은 그야말로 머리부터 발끝까지 음악가였다. 그는 까다롭고 방대한 바그너의 악극을 끝까지 연주하면서 교묘하게 학교 공부를 피해갈 수 있었다. 그는 모든 순간을 그렇게 보냈다. 그의 취향, 음악적 기억력, 타고난 능력의 탁월성은 모든 기술적 난관을 쉽게 극복하게 했다. 그를 아는 모든 사람은 그 사실을 너무 자명하게 생각했다. 그러나 부모는 처음부터 아이에게 법학을 강요하여 법률과 관련된 직업에 종사할 것을 고집했다.

7살에 이르는 동안 소년의 부모는 줄곧 아이의 타고난 소질을 의도적으로 좌절시켰다. 부모는 아이의 소질을 티끌만큼도 고려하지 않고 성향과 동떨어진 직업 준비를 위해서 본성에 반하는 교육을 끊임없이 강요했다. 나는 이보다 더 고통스러운 모습을 경험한 적이 없다.

중등학교는 이 유망한 음악적 재원을 평범한 능력을 지닌 평균인으로 만들었다. 그는 이미 준비되었던 많은 사실로 채워졌고, 관습적인 시험을 간신히 통과하여 그의 뜻과 달리 예나와 취리히의 대학으로 보내졌다. 내가 그를 마지막으로 보았을 때, 그의 정신은 완전히 무너져 있었다. 그는 성공에는 아무런 관심도 없이 무기력한 태도로 일관하면서 천천히, 그리고 착실히 업무를 수행하는 전통적인 유형의 변호사였다. 중등학교, 대학, 부모의 고집은 각각 매우 효과적으로 자기 사명을 완수했다. 그들은 그를 거의 기계 수준으로 만드는 데 성공했다. 아마 독일은 천성에 맞는 유용한 일을 하면서 영예로운 경력을 추구하는 것 말고도 수많은 사람에게 무한한 즐거움을 선물할 수 있는 탁월한 음악가를 잃었을 것이다.

우리는 부모의 어리석음과 학교 시스템의 경직성 사이에서 아이들이 타고난 성향을 개발할 가능성이 거의 없는 현실을 보았다. 그것은 우리 주변을 사방에서 포위하고 있어서 벗어날 길이 없다. 학교는 고정된 교육과정에 따라 학생들에게 일정한 양의 사실을 쟁여 넣는 사실을 실토했다. 다른 기능은 수행하는 흉내조차 내지 않는다. 개인을 구별하거나 각각 특별하게 타고난 아이들의 소질을 발견하려는 어떤 노력도 찾아볼 수 없다. 수업은 어떤 경우에는 학교 당국의 특별한 기준에 따라 다소 치명적인 방법으로, 그리고 또 어떤 경우에는 국가가 강요하는 융통성 없는 규칙에 따라 모든 학생에게 평등하게 일정한 양의 사실을 처방하여 쟁여 넣는 방식으로 구성된다.

반면 부모들은 아이들을 학교에 보내는 것으로 자신들의 의무를 다했다고 생각한다. 아이들이 생존 투쟁을 준비하는 데 필요한 유일한 길은 교육받는 일이다. 이 과정에서 아이들을 괴롭히거나 힘들게 하는 원리나 결과에 대해서는 아무런 관심도 없다. 부모들은 학교가 학생들의 타고난 성향에 대해 관여하든지 말든지 개의치 않고 모든 것을 학교에 위임한다. 그들은 자기 자식이 이웃집 아이와 똑같이 받는 교육에 만족할 뿐, 충분히 숙고해야 할 필요가 있는 미래의 직업 문제까지도 학교 당국에 자발적으로 위임한다.

일반적으로 부모와 학교 시스템이 보여주는 이중적인 방치가 세계에 미친 악영향은 이루 말할 수 없을 정도로 참담하다.

첫째, 개인의 능력과 사회적 지위가 불일치한 삶을 살게 만들어 자신과 주변 사람들에게 짐이 되게 한 점이다. 타고난 성향은 교육 시스템이라고 완전히 억제할 수 없다. 아이에 대한 신중한 분석이 가능했던 상황이었다면, 어린 시절에 꼭 필요한 작은 격려만 해주었다면, 아이는 다른 직업에서 더욱 행복했을 것이라는 생각 때문에 희생자의 존재는 더 안타까울 뿐이다.

둘째, 문명의 진보가 최적인 사람의 손 안에서 거의 이루어지지 않았기 때문에 엄청나게 지체된 점이다. 최적인 사람은 일반적인 조건 아래서는 탄생하지 않으며 탄생할 수도 없다. 교육의 전체적인 기계 장치는 평범함을 평등하게 생산하는 것을 목표로 한다. 예를 들어, 프로이센의 경우 이는 대부분 우연이 아니라 계획적으로 수행된다. 수업은 개인의 성향을 고려하지 않고 진행한다. 모든 아이는 대부분 똑같은 과정을 거친다.

아이들은 특별한 것에 맞춰지는 일이 없으며 개개인의 정신발달을 안내하고 지도하는 데는 관심조차 보이지 않는다. 결과는 문명화된 세계의 한쪽 끝에서 다른 쪽 끝까지 "우리 아이들을 어찌하면 좋을까요?"라는 탄식으로 메아리치게 한다.

마지막으로 이런 개탄스러운 사태를 만들기 위해서 정부와 지방자치 단체, 개인이 엄청나게 지출하는 교육비는 결국 지나친 낭비라는 점이다. 학교 교육은 실제적인 생산을 하지도 못하며 정확히 정반대의 것을 생산한다. 학교와 대학이 부적절하고 부자연스러운 사회적 조건을 조성하고, 개인의 천재성과 재능을 억압함으로써 천성과 부합되는 교육을 받지 못한 사람들에게 비참함을 더하는 것은 국가적 손실의 근원이다.

사람들은 군비, 거대한 함대, 군대의 유지에 사용되는 엄청난 예산을 비난한다. 이런 예산은 부적합한 사람들을 체계적으로 제조하도록 계속 지원하여 결과적으로 사회적 지위와 개인의 재능이 불일치하는 분배를 초래한다. 그런데도 이런 막대한 예산을 쏟아붓는 값비싼 대가를 치러야 하는지 의심해 보아야 할 것이다.

제3장

천재성의 파괴

사람은 대부분 천재가 한 세대에 두세 번씩 출현한다는 착각에 빠진다. 나폴레옹, 셰익스피어, 베토벤은 분명히 한 세기에 한 번밖에 태어나지 않았다. 이들과 같은 위대한 천재는 당연히 비정상적인 현상으로 간주한다. 그러나 등급이 조금 떨어지는 천재는 일반적인 생각보다 훨씬 더 보편적이다. 사람들은 단순히 그것을 보지 못할 뿐이다. 보통급 천재들은 우리들 사방에 널려있지만 우리는 그것을 인식하지 못한다. 거의 모든 사람은 사악하게도 그것이 범죄라는 사실을 의식하지 못한 채 그들을 파괴하기 위해서 부단한 노력을 기울이고 있다.

통상적인 교육의 과정을 밟지 않은 똑똑한 아이의 정신발달을 관찰할 기회가 있었던 사람들은 그들의 독창성에 감탄을 금할 수 없었을 것이다. 아이들을 그냥 자신에게 맡겨두면, 놀라운 속도로 생각을 키워갈 것이다. 상상력이 풍부한 5~6살의 아이들에게 단추나 테이프와 같은 단순한 물체를 주어 보아라. 그러면 그것으로 많은 시인이나 작가들이 부끄러움을 느낄 정도의 재미있는 모험소설을 써낼 것이다.

자연스럽게 양육된 아이들은 햇빛 속에 흔들리는 작은 티끌을 보고 얼토당토않은 환상적인 말을 중얼거린다. 그들은 자신들에게 가장 인상적인 사소한 사건에서 오디세이 이야기를 지어낸다. 비록 평범한 것일지라도 아이들은 그것에 신비스럽고 환상적인 상징의 옷을 입힌다. 스스로 관찰하도록 놓아두면 그들은 아무리 심한 주입과 체벌로도 결코 몰입시킬 수 없는 추론과 논리력을 발달시킨다.

이런저런 때와 장소에서 미처 예상하지 못한 정신발달 수준을 내보이는 아이의 독창적인 말에 놀라지 않은 부모는 거의 없다. 그런 관찰이나 사고력의 산출은 아이의 정신 속에서 진행되던 일부 지적과정이 갑자기 그들에게 일어난 것인가? 인간은 정신을 단련하는 정교한 과정을 통과하기 전까지 사고를 형성하거나 스스로 사고할 수 없다고 주장한다. 이는 순수한 관찰이 결핍된 토대 위에서 세워진 그릇된 개념이다. 교육에 잘못된 이름표를 붙인 상당히 많은 과정은 이런 목적을 지향한다. 그 결과 90%의 경우, 뇌는 단순히 퇴화하여 결국 적절한 기능을 수행할 수 없게 된다는 주장으로 연결된다.

사실 젊은이든 노인이든, 사람들은 생각하도록 강요할 수는 없다. 매우 자주 적용되는 자극의 영향을 받아서 저절로 형성되는 것이 습관이다. 유모의 손에 아이 양육을 맡기지 않은 생각이 깊고 관찰력이 예리한 부모는 간섭하지 않고 그대로 두면 아이가 스스로 생각하여 자기 상상력을 확장하는 타고난 성향이 있다는 점을 알아차릴 것이다. 이런 성향을 모든 아이가 똑같이 가지는 것은 아니다. 물론 지능 수준이 매우 다양한 점에서 발생하는 차이가 있을 수 있다. 하지만 그것은 기초적이고 미개발된 단계이다. 발달이 더딘 것처럼 보일수록 그것을 파괴하거나 자연적 성장을 억제하지 않도록 더 세심한 주의를 기울여야 한다.

　　이제 아이가 교육을 받을 나이에 이른 순간부터 사고와 상상력의 발달을 죽이는 전체적인 교육 시스템이 탄생하게 되었다. 지금 그 과정을 설명해 보자. 먼저 내가 지적하려고 하는 점은 학교나 정부가 이 사업을 시작하기 이미 오래전에 아이의 부모나 가장 연약하고 가장 중요한 시기에 양육책임을 위임받은 사람들이 일반적으로 똑같이 해로운 결과를 초래하는 일들을 최선을 다해 열심히 수행해 온 사실이다.

　　물론 해악은 완전한 무지상태에서 행해졌다. 하지만 그것은 여러 세대에 걸쳐 행해졌기 때문에 개인의 상식과 판단은 매일 점점 더 적어지게 되었다. 해악이 퍼지면서 사람들은 철도와 개량된 기계류의 도입으로 예술적이며 창조적인 천재의 공급이 감소한다고 비난하지만 다른 한편에서 실제로 천재성의 발달을 억압하는 일에 바쁘게 종사하고 있다.

이런 불행한 결과를 초래하는 방법에는 두 가지가 있다. 사고와 상상력의 발달을 방해하는 첫 번째 방법은 어린아이들에게 장난감을 주는 한결같은 관습이다. 장난감은 결코 상상력을 자극하지 않으며 오직 아이들의 마음속에 일상생활의 평범함을 심어주는 데 일조할 뿐이다. 실제로 장난감은 오직 형태만 다를 뿐 나중에 교육 시스템이 아이들의 생각을 내몰고 그 자리에 사실을 쟁여 넣는 과정과 똑같다.

구체적인 예를 제시해 보자. 보통 인형은 어린 소녀에게 주는 장난감이다. 언뜻 보기에는 그것은 언젠가 아내와 어머니가 될 아기를 축소하여 표현한 것으로 어린 소녀에게는 단순한 선물일 뿐 어떤 매력이나 교육적 의미가 있다고 생각되지 않는다. 만약 욕조 선물을 받게 되면 어린 소녀는 씻기는 법을 배우게 될 것이다. 비누, 스펀지, 수세미, 분갑, 파우더 등 모든 것이 완비되어 있다. 선물에는 신생아 용품 일습이 있어서 아이는 아기에게 옷을 입히고 갈아입히는 법을 배우게 될 것이다. 머리빗은 인형의 머리카락을 깔끔하게 유지하도록 가르칠 것이다. 아마 다른 화장실 필수품은 아기방의 일과와 관련된 것을 가르치기 위해서 즉시 사용할 준비가 되어 있을 것이다.

이런 선물은 남자아이는 고려대상에서 제외되거나 모른 체 해야 하는 것들이다.

물질적인 생활의 측면은 이런 교묘한 방식으로 아이의 관심을 의도적으로 강요한다. 아이의 상상력 대신 평범한 사실로 아이의 관심을 사로잡기 위해 미리 계산하여 준비된 것들을 모두 제공한다. 이런 무생물더미를 생물로 만들기 위해서 말을 걸거나, 다른 식으로 상상하도록 아이를 격려하는 일은 없다. 아이에게는 상상할 필요가 없는 극단적인 세속적 임무가 주어진다. 아이의 마음은 비누와 우유병에 기재된 설명서의 한계를 넘지 못한다. 그것은 어떤 상상력의 날개도 제공하지 않는다.

어린 소녀의 품에 누더기 뭉치를 놓고 그것이 아기라고 상상해 보라고 말하는 것이 훨씬 나을 것이다. 아이가 스스로 발명한 것 이외에 다른 아무것도 주어지지 않고 아이 자신에게 맡겨 놓으면 곧 휴면기에 들어있던 상상력과 독창성을 발휘하는 법을 스스로 배울 것이다.

마찬가지로 조심성이 부족한 소년들은 초기 유아기부터 사실의 좁은 한계 안에 정신을 고정하기 위해 고안된 물건들로 포위되어 있다. 소년들의 장난감은 배, 소방차, 소형 철도, 물펌프 등이다. 상상력은 가능한 한 작동하지 못하게 억제하는 것들이다. 관심은 날개구조, 돛, 삭구, 방수 격실, 바퀴, 막대, L자형의 손잡이, 지렛대, 그리고 기계 구조를 이루기 위한 수천 가지 항목의 기계적 세부사항에 세심할 정도로 집중되어 있다. 적어도 원래의 주된 특징을 상세하게 재현하기 위한 장난감 모델을 만들기 위해 심혈을 기울인다. 이는 아이들에게 가짜 교육의 가치를 심어주기 위한 것이다. 부모들은 이런 혐오스러운 장난감들을 아기방에 갖춰 놓고 아이의 정신발달에 큰 도움을 주는 양 허망한 상상을 한다.

아이들을 이해하지 못하는 사람들에게 아기방에 물질이 들어오면 지성의 여명기 아이들에게 치명적인 결과를 초래한다는 당연한 생각을 전하기가 쉽지 않다. 상상력이 풍부한 사람들은 당장 그런 주장이 너무 억지스럽다고 할 것이다. 기술한 것처럼 분명히 그런 장난감의 악영향은 식별이 쉽지 않다. 거기에는 이 지체 과정의 음흉함이 숨어 있다. 그러나 영리한 아이들은 인형이나 장난감 기관차에 예속되지 않는다. 아이들의 상상력과 반성적 사고력과 자연적인 발달을 지켜본 사람들은 내가 기술한 주장에 불합리성이나 과장이 없는 점을 잘 알 것이다.

아이들과 많은 시간을 보내며 지낸 경험이 있는 관찰자들은 장난감이 놀이 수단으로서 얼마나 불필요한지 쉽게 인정한다. 그러나 장난감 그 자체는 무해이며 반대할 수 없다. 보통 아이는 매우 정교하고 값비싼 장난감이 파괴되면 아마 그 존재를 잊어버릴지라도 오랫동안 단추나 조개는 소중한 보물로 여길 것이다. 이는 아기방에서 일어나는 아주 흔한 일이다. 하지만 그것은 대다수 부모에게 어떤 의미나 교훈을 전달하는 것으로 보이지 않는다.

사고와 상상력 발달을 방해하는 두 번째 방법은 아이들의 질문을 무시하여 낙담하게 하거나 주어진 답이 부적절한 경우다. 특정 나이가 되면 질문은 우주 만물에 대한 호기심을 자극한다. 아이들은 성인들에게 끊임없는 질문을 쏟아낸다. 그들의 심문 중 많은 것들이 매우 불편하고 대답할 수 없는 점을 인정해야 한다.

보통 사람들이 다음과 같은 기본적인 질문에 대답하기란 쉽지 않다. 태양은 왜 빛나는가? 바람을 일으키는 것은 무엇인가? 씨앗은 어떻게 나무로 자라는가? 기타 등등. 똑똑한 아이들의 수많은 질문에 인내심을 가지고 대답해줄 사람은 거의 없다. 자신의 무지를 드러내기에 앞서 일반적으로 부모는 처음부터 질문을 막아 놓고 아이들의 이런 지식에 대한 갈증을 해갈시킬 것이다. 그저 편안하고 싶은 이기적인 욕망은 아이가 요구하는 정보를 모두 거절하거나, 설상가상으로 상상력을 죽이기 위해 계산된 답을 되돌려 주거나, 빈 껍데기의 단조로운 물질로 아이의 마음에 깊은 인상을 각인할 것이다.

이들은 아이가 처음 시도한 연구에 찬물을 끼얹어 아이에게 가해질 수 있는 엄청난 피해를 생각하지 못한다. 아이들은 훗날 본래의 천재성을 회복할 수 있는 인내심과 결단력이 없다는 점을 기억해야 한다. 아이들의 정신은 매우 활발하지만, 냉담한 대우를 받게 되면 금방 위축되고 소심해진다.

아이들은 자연이 선물한 뇌를 사용하기 위해서 부지런히 노력하는 사실을 모든 사람이 반드시 알고 있어야 한다. 상상력은 자연스럽게 풍부해지고 독창적이 되기 때문에 이런 능력을 개발하여 성장시키기 위해서는 오직 격려만 있으면 충분하다. 그러나 요람에서 학교 교실까지 아이를 양육하는 방법은 전반적으로 모든 독창성을 억압하고 평범한 생각과 전통적인 지식으로 쟁여 넣는 것이다.

이런 과정은 가정에서 시작했다. 그 뿌리는 관습에 있으며, 모든 개성과 진보에 대한 저주다. 관습의 노예가 되도록 양육된 부모들은 합리적인지 또는 어리석은지를 고려하지 않고 이전 세대로부터 전해지는 그릇된 전통을 그대로 이어간다. 대다수 사람에게 그들이 저지른 어리석은 짓은 이전의 조상들이 한 것만으로도 충분하다. 아동 양육방식보다 더 엄격히 따르는 전통은 없다.

좋지 않은 방법의 결과로 인해 스스로 어려움을 당한 사람들은 자신의 아이들에게 그런 실수를 반복하지 않도록 조심할 것으로 생각할 것이다. 그러나 그것은 가장 나쁜 악의 단면이다. 그런 생각은 상투적으로 지성을 멀리하여 활발하고 독립적인 생각을 배제할 수 있다. 최고의 지성들은 어린 시절에 주입되었던 편견을 떨쳐 내지 못해 극도의 고통을 당했다.

이런 목적을 달성하기 전까지 많은 사람은 오랜 고통과 역경을 겪어야 했다. 그러나 평균적인 정신을 가진 사람은 일반적으로 가망이 없는 일이다. 반드시 강력한 내적 충동이 있어야 하며 그렇지 않으면 필요한 용기와 주도적인 행동을 기대할 수 없다. 스스로 생각하기로 마음먹은 사람들은 그것이 항상 기분 좋은 결과를 동반하지 않는다는 사실을 알고 있다.

부모가 하는 역할이 너무 많다. 학교 시스템은 다른 입장에 서기 때문에 별개로 취급해야 한다. 앞에서 지적한 것처럼 부모에게는 상당한 변명의 여지가 있다. 그러나 학교 시스템에는 어떤 변명의 여지도 없다.

제4장

인간 공장

물론 교수 방법이 아이들에게 미치는 영향을 논의할 때, 다양한 종류의 학교, 공립학교와 사립학교를 구별해야 한다. 이런 학교들이 뿜어내는 유해성은 균등하지 않기 때문에 이들을 하나로 묶는다면 공평하지 않을 것이다. 그러므로 이것들은 반드시 구별해야 한다. 기본적으로 모든 교육은 그릇된 원칙 아래서 행해지는 점에서 교육 시스템, 교육기관, 교사, 가정교사, 가정부, 부모는 모두 비난받아 마땅하다. 일반적으로 이들은 모두 세계에 큰 해를 끼치는 교육 망상을 유지하는 데 바쁘기 때문이다.

하지만 우리가 이런 요소들이 각각 생산하는 유해성의 정도를 고려하게 되면 선택지가 많은 것을 금방 알게 된다. 현재 교수 방법에서 가정교사는 한 학급을 맡아 가르치는 학교 교사보다 아이의 개인발달을 촉진하는 데 훨씬 더 좋은 위치에 있다. 아이들은 가정교사의 압력에 어느 정도까지 반대할 수 있다. 아이들이 필요한 의지력을 소유하고 있다면 자기 관심을 밀고 나갈 수 있다. 하지만 아무리 강한 아이라도 학교 시스템에는 굴복할 수밖에 없다. 학교에는 특정 학생에게 허용되는 특정 자유도 없으며 정신이나 성격의 특질을 고려하는 특정 혜택도 없다. 이 시스템은 느슨해져서는 안 되며 결과적으로 모든 사람이 정확히 똑같은 학습 과정을 거쳐야 한다.

아이들의 교육은 아주 어린 나이에 시작한다. 일반적인 계획에 따르면 아이들이 개념을 형성하여 체계적인 교수 방법을 따라갈 정도로 단어를 충분히 연결할 수 있게 되면 가르침이 가능하다. 어린 나이의 교육을 아동교육이라고 부르는 관습은 부모가 5세에 아이를 학교에 보내도록 국가가 강요하거나 강요하는 시늉을 하는 것으로 미루어 증명된다. 한편 수많은 가난한 집의 아이들은 3세 또는 그보다 어린 나이에 자발적으로 학교에 간다. 그러므로 국민에 관한 한, 국가는 가장 인상적인 시기에 아이를 데려가는 것을 알 수 있다.

유아교육의 목표가 아이들에게 특정 초등 교과를 가르치는 것이라면, 어려운 일이 아닐 것이다. 일반적으로 5세가 되면 아이들은 배울 준비가 되어 있다. 아이들의 정신은 수용 가능할 정도로 충분히 형성되어 있고 지식이 공백 상태에 있는 까닭에 교사가 지식을 선택하여 제공하면 아이들은 이해의 범위 안에서 배울 것이다. 모든 것을 전적으로 교사의 재량에 맡긴다면 교사에게는 매우 무거운 책임이 될 수 있다. 그러나 이는 결코 진실이 아니다. 교육과정은 학교 관리자에 의해서 사전에 결정되어 있다. 교육과정은 학교의 다양한 유형에 따라서 약간 다를 수 있으나 대체로 본질적인 면에서는 모두 똑같다.

하지만 어느 정도까지 변수가 있을지는 별로 중요한 문제가 아니다. 이와 관련하여 각 학교와 모든 사립학교 교사들은 반드시 따라야 할 일련의 규정된 교육계획이 있는 점에 주목해야 한다. 이미 밝힌 것처럼 학교의 경우, 개인적인 요구사항에 대해서는 어떤 관심도 기울이지 않는다. 모든 사람은 더 좋든지 더 나쁘든지 똑같은 과정을 거쳐야 한다. 그러므로 아이는 학교에 입학하자마자 특정 내용을 배우도록 강요받는다.

읽기, 쓰기, 셈하기는 상투적인 교과이다. 3R's는 삶의 모든 부분에서 필요한 능력이며 이것 없는 교육은 실제로 불가능하다. 나는 적어도 그것을 비난하지 않는다. 그러나 3R's를 가르치는 방법과 그것을 초등교육의 주요 목표로 정한 오류에 대해서는 할 말이 많다.

이와 관련하여 교육위원회가 발행한 학교 규정의 중요한 변경내용을 살펴보면 흥미롭고 유익할 것이다. 아주 최근까지 읽기, 쓰기, 셈하기는 규정에 따라 유아 학교의 "필수교과"로

분류되었다. 이 규정의 제15조는 다음과 같다. "유아 학교의 수업 과정과 수업은 규정에 따라 적절한 수업, 쓰기와 셈하기 등이 포함되어야 한다." 이전의 규정에 포함된 똑같은 구절과 비교해 볼 것. 허용되는 수업과목은 다음과 같다: (a) 필수과목 읽기, 쓰기, 셈하기; 이하 "초등 교과" 등이 있다.

이 개정안은 엄격한 규칙만큼 교육에 더 해로운 것이 없다는 점을 인정한다. 이는 학교의 교육과정이 다소 획일적이어야 한다는 일반적인 가정에 대한 항의 표시이며 다양한 상황이나 개선된 교수 방법의 가능성과 관계없이 중앙정부가 모든 초등학교에서 가르칠 교과를 규정하는 불합리한 행위의 중단을 요구한다.

이전에는 장학사의 연례 방문 때 규정된 교과목에 대해 학생들이 시험을 치르는 악습이 있었다. 1867년에 교육부에 보고한 매튜 아놀드^{Mathew Arnold}는 다음과 같이 말했다. "초등학교의 교육방식은 지난번 내가 마지막으로 보고한 이후 4~5년 동안 확실히 지식, 정신, 창의성이 크게 떨어졌다. 그렇지 않았더라면 좋았을 것이다. 모든 사람이 기계적인 과정을 지나치게 믿고 지능은 거의 믿지 않는 경향이 강한 국가에서 교육부의 규정 변경은 정부 보조금의 65% 이상을 기계적인 시험에 사용하도록 유도했다. 이는 필연적으로 학교의 교육 방법을 기계적인 방향으로, 장학 방침을 기계적인 방향으로 돌리도록 만들었다. 그러므로 교육부는 학교의 지적 생활을 향상하기 위해 노력하고 반드시 노력해야 한다.

정부 보조금의 65% 이상이 시험에 사용되는 한, 단구를 읽고, 단구를 쓰고, 두세 가지를 계산하는 학생들의 기계적인 시험은 장학과정에서 가장 중요한 부분을 차지하지 않을 수 없다. 기계적인 경쟁게임에서 결국 교사들은 우리를 이길 것이다. 교사들은 아이들이 실제로 3R' 방법을 알지 못하는데도 개정된 규정에 적합한 기발한 방법을 준비하여 아이들이 3R' 시험을 통과하는 가능성을 증명했다. 마찬가지로 아이들이 실제로 문법, 지리, 역사 중 어느 하나도 알지 못하면서 6세 이상 아이들의 20% 중 75%가 이 세 가지 시험에 통과할 가능성은 의심의 여지가 없게 되었다.

초등학교 장학관인 아놀드는 자신의 경력 내내 이런 불평을 계속 반복해야 했다. 그는 교부금을 배분하는 방식을 이용하여 주입식 교육을 장려하는 실태를 보고 그것이 만든 수업모형은 아무런 쓸모가 없다고 주장했다.

지금은 이 모든 것이 바뀌었다. 이제 3개의 초등 교과에서 의무적인 연례시험과 같은 그런 지침은 없다. 마침내 정부 당국은 그것을 폐지했다. 장학사의 임무는 더 이상으로 아이의 시험점수를 조사하는 일이 아니라 교수법, 교사 자격 등을 조사하는 일로 변했다. 장학사들은 그렇게 하는 일이 장학의 본질이라고 생각하지만 실제로 아이들을 조사할 권한을 주는 것과 다르지 않다. 하지만 장학사들은 이 권한을 삼가서 사용할 것과 예외적으로 사용할 것을 지시받았다.

불행하게도 런던의 관공서 거리에 정부 부처가 존재하는 목적은 교육 시스템의 폐지를 위해서가 아니다. 이는 초등교육을 지원하는 예산 분배와 교사 교육이라는 유일한 목적을 지원하기 위해서 존재한다. 이 기능을 실행하는 과정에서 교부금을 받을 자격을 얻고자 하는 학교가 준수해야 할 규정의 틀이 필요하게 되었다. 이 규정은 매년 개정되며 최근에 몇 가지의 현저한 변화가 있었다. 학교가 다양한 교수 방법을 실시하도록 장려하는 분명한 목적과 이를 최대한 탄력적으로 만들려는 뚜렷한 경향이 나타났다.

이런 경향의 예를 들어보면, 몇 년 전에 시행된 유아 학교의 지원에 대한 보조금 지급과 관련하여 현재 상황을 비교해 볼 필요가 있다. 상급 교부금은 교원자격증을 소지한 교사나 장학관이 승인한 18세 이상의 교사가 가르칠 때 그리고 유아교육의 교육환경을 제대로 갖춘 교실에서 가르칠 때 제공되었다. 그리고 유아는 "나이에 맞게" 가르쳐야 한다는 단서조항이 있었다. 새로운 법규에는 다음과 같은 규정이 포함되었다.

16대 또는 17대 교부금은 유아 학교에 제공할 목적으로 마련한다. 이사회는 다음의 네 가지 사항에 대한 장학사의 보고와 권고를 고려하여 이들 보조금 중 어떤 것을 지급할지 결정해야 한다. (a) 아동 및 주변 지역의 상황에 적합한 교육, (b) 철저한 지식 위주의 수업, (c) 충분한 교직원 확보와 적합성, (d) 규율과 조직.

교육위원회가 이런 정신으로 일한다면 국가교육 시스템의 폐해를 완화할 수 있으나 완전한 혁명이 아니라면 그것의 근절은 불가능하다. 이런 종류의 개선과 개혁은 강력한 여론을 등에 업고 시민들이 주도하여 불가항력적 주장을 펼칠 때 오직 정치적 실천이 가능하다. 대중은 정당의 음모에 현혹되어 진정한 문제에 대해 그릇된 판단을 하게 된다. 특별한 이해관계가 있는 정당 정치인들은 갈등을 학교위원회, 자율학교, 지방 당국, 종교교육 간의 단순한 싸움으로 몰아간다.

그 결과 이런 부차적 문제들이 오늘날 중요한 교육 문제로 부상했다. 초등학교에서 두 학급의 비교우위를 놓고 감정싸움을 벌이는 일은 거의 없다. 대부분 사람은 아이가 둘 중 한 반을 선택하든 다른 반을 선택하든 상관하지 않는다. 특정 교파나 세속적인 교육을 선동하는 사람은 대중이 아니라 종교에 영향을 미치는 문제에 직접적인 관심이 있는 제한된 계층이다.

하지만 결단해야 할 문제는 이런저런 종류의 학교 지원책이 아니다. 현재의 교육 시스템의 판을 완전히 새로운 계획으로 바꾸어 폐기해야 할 사실을 사람들이 이해하게 된다면 누가

손놓고 바라보고만 있겠는가? 이 모든 사소한 논쟁 뒤에는 교육의 기본 원칙에 영향을 주는 중요한 문제가 있다. 그것은 현재 교육 방법의 필연적인 결과, 즉 민족의 타락이 영속하지 않으려면 이 문제는 정면으로 돌파해야 한다.

사람들이 현재 시스템에서 어떤 영향을 받는지 잠시 생각해 보자. 우리가 살펴본 것처럼 아이는 어린 시절에 국가에 붙들려가서 대부분 세 가지 기본 교과를 세심하게 훈련받는다. 읽고 쓰는 법을 아는 것은 아무런 해가 되지 않는다. 그것은 꼭 필요한 성취다. 우리의 일상생활에서 요구하는 많은 의무를 이행하려면 약간의 셈하기는 필수적이다. 그러나 부당한 것을 쟁여 넣거나 특별한 방향으로 뇌를 강요하는 것과 별개로, 아이의 미개발된 정신에 특정 교과를 주입하게 되면 다른 교과는 배제되는 사실을 기억해야 한다. 그러므로 그 과정이 엄격하게 수행될 때 매우 심각하고 광범위한 영향을 미친다. 그것은 어떤 방향으로든지 정신발달을 방해하는 데도 계속되고 있다.

이런 방법이 개별 아이에게 가하는 피해는 계산할 수 없을 정도다. 자연적인 본성에 따라 능력이 발달하는 바로 그 문턱에서 이 발달은 인위적인 조작을 통해 폭력적으로 제지된다. 폐해는 여기서 끝나지 않는다. 자연에 대한 이런 간섭은 아이의 학교생활 전반에 걸쳐 계속되며 대학에서는 전통이 변형된 형태로 번성한다. 실제로 그것은 현대교육의 중요한 원칙이다.

아이들이 배우는 이런 학교는 획일적으로 물건을 찍어내는 공장에 불과하다. 그들은 학생들에게 소위 교육이라는 것을 제공하려는 목적에 성공하지 못한다. 그러나 그들은 그 자리에 어떤 유용한 지식도 남기지 않고 모든 독창적인 아이디어를 몰아내기 위해 노력한다. 이 마네킹 제조의 대량생산의 일반적인 결과는 매우 직접적이다. 이 장의 의도는 국가 교육기구의 실질적인 작업은 정신의 자연적 발달을 억제하고, 희생당한 사람뿐만 아니라 손재주나 실용적인 지능을 요구하는 모든 직종에 부적격의 사람들을 배치한 사실을 지적하는 데 있다.

제5장

최대 다수의 최대 불행

01 제 의무교육 제도가 대중에게 미치는 영향을 고려해야
할 시점이다. 1장과 2장에서는 공립학교와 대학의 교
육 방법과 공개 경쟁시험의 망국적인 시스템이 가져온 몇 가지
의외의 것들을 대강 살펴보았다. 이제 우리는 오로지 대중에만
관심을 돌려 국가 교육이 국민을 위해 무엇을 하려는지 알아볼
것이다.

보통 사람들은 초등학교의 기준을 통과한 아이들은 교육
을 받았다는 망상에 빠진다. 그들은 대중의 믿음대로 인생에서
우월한 지위에 오를 수 있는 적합한 자격을 갖추었다. 그러므
로 부모의 첫 번째 야망은 아이가 소위 학력에 합당한 지위를
얻는 일이다.

물론 진실은 우리가 모두 알듯이 공립 초등학교는 일반 지

식이 결핍된 전혀 쓸모없는 제품이라는 것이다. 그러나 이런 사실은 수년간의 쓰라린 경험을 거친 후 피해자에 의해서 스스로 밝혀질 뿐이다. 인생의 어떤 지위에도 맞지 않을지라도 그들 중 대다수는 학교는 우수한 교육으로 좋은 자리를 보장한다는 충만한 자신감을 가지고 학교를 떠난다. 그들은 모든 육체노동을 경멸하면서 사무원, 점원 등의 직장을 찾는다. 물론 결과는 이런 취업 대기자들이 문전성시를 이루는 공급과잉이다. 결과적으로 소녀들은 주부로 돌아가야 한다. 소년들은 비숙련 노동자의 지위와 빈둥거리며 지내는 실업자의 수를 늘리는 데 일조하거나 심지어 더 나쁜 경우에는 양심을 속이는 삶을 살게 된다.

이런 해로운 교육제도의 효과가 이 나라보다 더욱 분명히 드러나는 지역은 없다. 농부와 소농의 아이들은 타고난 재능에 맞는 직업과 동떨어진 교육을 받는다. 국가가 추구하는 것과 달리 그들은 어디에서나 똑같이 전혀 쓸모없는 열등한 전인교육을 받는다. 그들이 학교를 졸업하게 되면 어느 정도 읽고, 쓰고, 더하고, 빼고, 나누고, 곱할 수 있다. 하지만 하나의 문법적 문장을 만들거나 그들에게 걸어오는 말의 음절을 이해하지 못하며 제대로 발음하는 프랑스어 단어는 몇 개에 불과할 정도다. 그들은 보통 필기 속도의 절반 수준으로 간단한 단어를 쓰는 약어를 알고 있다. 그리고 역사와 지리학에서 암기를 통해서 몇 가지 무미건조한 사실을 얻는다. 이 모든 것은 모두 12개월 이내에 기억에서 완전히 지워질 것이다.

약어는 쟁기질에 대비하는 좋은 준비가 아니다. 마찬가지로 프랑스어와 수학 성적도 분뇨 운반에는 전혀 쓸모가 없다. 우유 짜는 여자에게는 역사도 지리도 필요 없다. 그들은 문법을 몰라도 그 일을 할 수 있다. 결과적으로 이 불행한 학교 아이들은 그들이 살아갈 삶의 모든 실제 목적에는 쓸모없는 사람이 되었다. 결과는 필연적이다. 끊임없이 시골에서 도시로 떠나는 대탈출이 있을 뿐이다. 농촌 학교의 피해자들은 타고난 재능이 원래 의도했던 것과 완전히 다른 쪽에서 직업을 찾도록 종용받는다.

철학자들과 정치인들은 이 신비한 이농 현상의 문제를 매우 곤혹스러워한다. 그러나 그것은 정말로 매우 간단한 일이다. 우리는 프랑스어와 약어를 찬양하여 농촌 사람을 교육하는 척하고 있다. 이런 식의 문화를 전국에 퍼뜨리는 우리의 뛰어난 선견지명이 가져온 당연한 결과는 현저한 농촌 일손의 부족 현상이다. 농장의 일손이 예전만큼 풍족하지 못하며 버터를 만드는 처녀를 구하느라 상당한 어려움을 겪는다. 그러나 다른 한편에서는 이 교양 있는 무지렁이들을 도시로 내몰아 도시 노동자들이 넘치고 굶주리게 하여 이들이 교도소와 구빈원을 채우게 한다.

런던은 현재 이런 "교육"의 과잉 문제에 매우 감사한다. 이는 매일 더 위험하고 긴박해지고 있다. 최악의 원인은 실제로 손도 대지 않으면서 빈민가를 몰아내고 모범지역을 만들거나 장인들을 교외 주거지로 이동시키는 새로운 교통수단을 개발한다는 헛소리만 늘어놓는 데에 있다. 젊은 남녀들은 한 줌도 안 되는 지리와 산술지식을 배우고 마치 그들이 교육받은 것처럼 착각한다. 그들에게 주입된 그런 쓸모없는 지식이 행운의 고속도로로 믿는 한, 그런 젊은이들은 농촌 지역에서 계속 쏟아져 나올 것이다.

하지만 교육 방법을 개선하여 과잉 문제를 해소해야 한다고 주장해도 별 소용이 없다. 사람들에게 거리가 먼 추상적인 문제에 항의하여 소동을 일으키는 대중은 거의 없다. 그들은 문제의 존재를 드러낼 만한 것들을 보지 못하며 그것의 폐해에 대해 아무것도 모른다. 그들은 노동자들의 집이 밀집해 있는 황량한 굴뚝 공장의 옆길을 거의 걷지 않는다. 만약 그 경우에도 그들은 초라하고 우중충한 작은 단칸방에서 침대를 함께 쓰고 심지어 바닥에서 잠잘 수 있는 것에 온 가족이 감사하는 현실을 거의 깨닫지 못한다.

하지만 모든 사람은 하인의 문제를 인식하고 이해한다. 이는 개인의 안락과 직결되는 문제이기에 결코 무시할 수 없다. 선량한 하인의 급속한 소멸, 일반적인 가정부의 건방진 태도와 비능률성, 이런 것들은 상류층과 중산층 가정의 일상생활에서 느끼게 될 고통이다. 그러나 가정부의 태도가 나빠졌다는 점은 그들이 교육을 받아서가 아니다. 문화의 관점에서 볼 때 초등교육이 저지른 심오한 무지상태로 인해 그들은 다른 사람과 마찬가지로 훌륭하며 그들은 평범한 지위보다 더 높아야 한다고 오인한 결과이다.

하인들은 쟁기질하는 소년들이나 우유를 짜는 소녀들처럼 프랑스어 동사와 상형문자가 거의 필요 없다. 가정부 훈련을 원하는 사람이 배울 수 있는 유용한 것들이 많이 있다. 하지만 교양 교육의 내용 중에서 요리 수업을 들었던 요리사를 찾기는 매우 어렵다. 이런 면에서 교육은 음식과 비슷하다. 어떤 사람이 즐겨 먹는 고기는 다른 사람에게는 독이 될 수 있다. 우리는 세탁부에게 부기를 가르치거나 비서에게 다림질을 가르치고 싶지 않다. 그런데 왜 장인, 가정부, 농부들에게 공통분모와 구문 규칙을 쟁여 넣는가? 학교 교사들이 수업 시간에 50% 이상의 학생을 낙제시키지 않고 셰익스피어와 밀턴의 구절을 낭독하는 데 성공하면 매우 만족스러울 것이다. 그러나 불행하게도 식탁에서 대기하는 동안 "햄릿"을 인용할 수 있는 하녀나 하인 방의 지적 수준을 높이기 위해 "실락원"을 암송할 수 있는 하인을 요구하는 일은 없다.

아마 이런 사례들은 실제로 발달할 수 있는 능력을 각 개인에게 배양하려는 노력은 하지 않으면서 수많은 아이를 불러 모아놓고 그들에게 맞지 않은 것들을 가르치려는 더없이 기괴하고 어리석은 짓을 보여준다. 육체노동과 관련된 직업이 대부분 불만족스럽고 무능한 불평꾼들로 가득 차 있으며 이들은 국가 교육 시스템이 제공한 의무교육을 받은 사람들이라는 사실은 놀랄 일이 아니다.

하지만 대중들에게 강요한 교육의 천박성과 해악성을 더 자세히 설명한 실례를 알고 싶다면, 오늘날 싸구려 문학에서 얼마든지 확인할 수 있다. 이 엄청난 양의 허튼소리는 수요가 없다면 결코 생산되지 않았을 것이다. 어떤 사람들은 대중의 지적 양식을 형성하는 무식한 헛소리를 써내서 떼돈을 번 백만 장자들을 향해 시종일관 욕설을 퍼부어댄다. 그들에 대한 비난은 전적으로 부당하고 비논리적인 행위다. 그들은 문학 영역에 새로운 학파를 세운 사람이 아니다. 그들은 사업가이고 어떤 가식도 떨지 않는다. 그러므로 대중이 원하는 것을 찾아내서 대중에게 제공하는 일이 그들의 천직이다. 대중들의 관심이 다 사라진 후에 백만 명의 독자들이 그들의 문학작품을 사도록 만드는 데는 관심이 없다. 그들은 싸구려 신문과 정기 간행물의 애독자들이 그런 방식으로 내놓는 문학작품을 좋아하기 때문에 뉴스와 기본적인 문법을 반값으로 판다.

그들이 단순히 그것의 존재 때문에 이익을 얻는 것은 백만 장자 상인의 탓이 아니다. 진범은 바로 교육 시스템이다. 교육 시스템은 지구 주위를 둘러싸는 데 필요한 소고기 샌드위치의 수 혹은 원시인들이 각 사람의 머리에 올라타서 달에 도착할 수 있도록 정해진 시간 안에 인구수를 증가시키는 속도 그 자체에만 관심이 있는 특별한 문화 유형의 보편적 제공자이다.

이런 문학 계층에 대한 엄청난 수요는 잘못 적용된 교육과 앞으로 나올 수 있는 잘못된 가르침의 비참한 결과를 예고하는 의미심장한 증거이다. 하지만 이는 결코 초등학교의 기준을 마친 교양 없는 대중들에게 국한되는 일이 아니다. 소위 "고등교육"단계를 거친 수많은 사람이 객차, 휴양지, 혹은 공공 도서관에서 평범한 지성을 갖춘 자존심이 있는 사람이라면 누구도 관심을 보이지 않을 싸구려 독서에 깊이 빠진 모습을 볼 수 있을 것이다.

아무리 형편없는 관찰자라도 피해갈 수 없는 이 고통스러운 광경은 성찰적인 남녀라면 더 좋은 성과를 내지 못한 교육 방법의 가치를 분명히 의심하게 될 것이다. 선정적인 쓰레기 신문, 중산층 잡지, 형편없는 소설 취향을 장려하기 위해 구문 규칙, 수학, 라틴어, 프랑스어, 지리학, 과학, 역사, 작곡, 그 밖의 수많은 지식을 연마하는 데 보낸 수년간의 세월을 생각하면 참으로 기이하기 짝이 없다.

만약 이 과정이 이보다 더 나쁜 결과로 이어지지 않을지라도 문화에 대해 최소한의 예의를 갖춘 사람이라면 훗날 이런 일의 지속을 보고 싶지 않을 것이다. 그러나 우리는 단순한 천박함과 나쁜 취향을 능가하는 해악을 보았다. 이는 현대 정치가들을 곤혹스럽게 하는 사회문제에 치명적인 영향을 준다. 주거 문제에서부터 하인 부족까지 우리는 그 끔찍한 영향을 실감한다. 그리고 대다수 대중에게 가장 적합한 직업 대신 부적합한 직업을 배치하고, 세익스피어 암송과 지리를 이해하는 무식하고 비열한 방법으로 노동자 아이들 마음속에 숙련된 장인에 대한 경멸감을 심어주는 것으로도 모자랐는지, 이런 교육의 과정은 오랫동안 불만의 대상이었던 하위 계층의 태도를 전반적으로 악화시키는 결과를 가져왔다.

아무도 자신들보다 위에 있는 상층 사람들에게 늘 비굴한 태도로 굽실거리는 보통 사람들을 보기 좋아하지 않는다. 어떤 사회적 지위에 속하든지 자유롭게 태어난 남녀에게서 적절한 자존심과 독립성이 부족한 징후를 발견하는 일은 생각이 깊은 사람들에게 불편한 일이다. 그러나 일반적으로 사용되는 의미에서 대중교육이 사람들에게 교육에 대한 불신감을 심어준 결과는 매우 심각하다. 하위 계층의 보통 사람들은 교육을 받아서 진정으로 성공한 사람들을 조금도 존경하지 않는다. 노동계급 중에서도 특출한 사람이 있다는 사실을 옹호하기 위해서 권위 있는 당국자의 견해를 인용해도 소용이 없다. 그 문제에 대해서는 초등학교에서 제공하는 것보다 더 자유로운 형태의 교육을 누렸을 것으로 생각되는 상층 사람들도 마찬가지로 전문 지식의 가치를 대단하다고 생각하지 않는다.

국가교육을 받은 젊은이들이 자신의 성취로 모든 사람과 평등하게 되었다고 생각할지 아니면 자기가 교육받은 제도의 광기가 교육에 대한 경멸감을 주었다고 생각할지 판단은 어려운 문제이다. 아마 이런 두 가지 오해는 그 과정에서 피해당한 희생자들 사이에 균등히 분포되었을 것이다. 하지만 이런 주장이 진실이라는 사실은 인간 능력을 발달시킨다는 목적으로 단순한 사실 주입과 교과를 강요함으로써 목적과 수단을 혼동한 이른바 교육자들의 뻔뻔한 무지를 웅변으로 보여준다.

제6장

얼치기 지식인

대중들에게 강제로 주입하는 잘못된 교육이 생산하는 폐해를 고려할 때 우리는 더 실제적이며 효율적인 주입식 교육 시스템이 초래한 일반적인 결과를 계속 검토할 수 있다. 이 목적을 위해서 이 나라에 세워진 다양한 형태의 중등학교와 대학을 세밀히 비교하여 조사할 필요는 전혀 없다. 이런 학교들 사이에서 실제로 선택 가능한 교수 방법은 거의 없기 때문이다. 실질적으로 모든 것은 소년과 청년들에게 시험 준비를 시키는 공통 목표에 초점이 맞춰져 있다.

물론 학교에 다니는 모든 소년이 경쟁시험이나 또 다른 시험을 요구하는 직업으로 진출하지 않는다. 하지만 그것 때문에 학교 당국이 조금이라도 지장을 받거나 학교 시스템이 조금이라도 느슨해지지 않는다. 소년들은 똑같은 내용으로 채워진다.

제분소를 통과하려는 사람은 누구나 한쪽 끝에서 돼지로 들어가서 다른 끝에서 소시지로 나와야 한다. 가정교사를 제외하고 중간 과정이란 없다. 그는 자신의 조기 훈련의 결함과 직업 특유의 훌륭한 보수주의 색채 때문에 아마 주입식과 사고를 억압하는 익숙한 일상보다 더 좋은 과정은 알지 못할 것이다.

학교생활의 모든 것은 점수를 놓고 경쟁하는 쟁탈전이다. 학교 관리자와 교사들은 결국 학교의 상업적 성공, 학교 명성이 주로 공개 시험에서 학생들이 얻는 좋은 점수에 좌우되기 때문에 소년들을 사실, 연대, 숫자, 억양으로 채우는 일에만 집중한다. 그러므로 소년들은 자신의 소원이나 확실한 성향과 상관없이 오직 이 목적달성에 가장 도움이 되는 일에 전념하도록 촉진되거나 강요받는다.

소년은 손끝까지 차오르는 과학지식에 대한 타고난 갈증을 느끼면서 문법 학교나 명문 학교 중 한 곳에 들어간다. 그는 공기펌프로 원유실험을 하거나 싸구려 천체 망원경으로 행성을 주시하면서 여유 시간을 모두 보낼 것이다. 그는 라틴어 문법의 기초를 전혀 이해하지 못하고 불규칙 동사도 제대로 활용하지 못할 것이다. 그러나 그의 콧대는 똑같은 학교 교육 과정의 맷돌에 갈려 다른 아이들과 똑같이 낮아질 것이고, 그의 정신을 왜곡하는 일에는 눈곱만큼의 관심도 보이지 않을 것이다.

학교 당국은 소년에게 보통교육을 받기 위해서 거기에 배정되었고 그는 반드시 보통교육을 받아야 한다고 말한다. 만약 이런 과정에서 모든 과학의 열정이 소년에게서 사라졌다면 그 것은 교사의 탓이 아니다. 소년은 일반적인 교육목적을 달성하 기 위하여 특정 처방으로 채워지는 빈 병이다. 처방전은 미리 작성되어 있으며 변경은 없다. 학교는 개인의 재능을 관리할 의무가 있지만 각 사례에 따른 진단은 사양한다. 치료 방법은 오직 하나뿐이며, 병원에 입원한 모든 환자는 그 치료 방법에 따라야 한다.

물론 계몽 교육자들이 있었다. 스링Thring과 아놀드Arnold 의 이름은 영국 학교생활의 역사에서 항상 두드러질 것이다. 그들의 전통적인 영향이 완전히 사라질 때 우리 사립학교의 젊 은이들에게는 정말 운이 나쁜 날이 될 것이다. 그들은 기존의 방법과 다른 영향력으로부터 각 학생에게서 가장 좋은 것을 끌 어내는 진보적이고 광범위한 활동을 장려하는 표준화된 방법 을 도입했다. 아놀드 박사는 소년들에게 지식을 낭비하게 만드 는 것은 "지혜가 아니다. 소년들의 속도에 따라 각각의 능력, 첫째로 기억과 상상력, 다음으로 판단력의 배양이 우리의 지혜 이며 의무다. 즉, 그들에게 수단을 제공하고, 자기를 발전시키 려는 열망을 자극하고 결과에 대한 신의 축복을 기다리게 하는 것이다."라고 선언했다.

에드워드 스링Edward Thring은 자기 일기장에서 다음과 같이 기록했다.

"교육은 책벌레의 일이 아니라 예리한 관찰력, 사고능력, 감춰진 진리와 새로운 독창적 천재를 발견하는 눈과 마음을 제공하는 것이다. 만약 저주받은 규칙 엄숙주의자와 전문용어가 지옥의 변방으로 추방될 수 있다면, 무엇인가 실행될지 모른다. 영국에서 교수와 학습은 상식을 숨기고 경구로 무지를 위장한다."

보편적인 교육 시스템의 해악을 없애려는 이 두 명의 유명한 교장들의 끊임없는 노력에서 얻은 변칙보다 더 소중한 것은 상상할 수 없다. 이런 방식으로 자기 집을 지으려고 노력하는 사람은 흔하지 않다. 용기 있는 노력에 대한 모든 영예는 그들의 덕택이다. 그들이 범한 실수는 시스템을 완전히 폐기하고 새롭고 건전한 원칙을 새롭게 시작하는 대담한 조치를 실행하지 않고 본질상 나쁘고 쓸모없는 시스템을 어설프게 건드린 데 있었다.

스링과 아놀드와 같은 교장들의 에너지는 사실 학교 교육의 일상적인 과정에서 얼치기 지식인들이 나오지 못하도록 방지하기 위한 투쟁에 주로 집중했다. 일반적으로 소년들은 교육을 받으면 더 바보가 되는데 이는 나중에 평가를 받기 때문이다. 그러나 학교 환경이 특별히 종의 발달에 유리하지 않다면 학문훈련을 순순히 받아들이는 뇌를 가진 소년들은 얼치기 지식인이 되기 쉽다.

얼치기 지식인의 배출은 순전히 학문훈련이다. 축구, 크리켓, 운동경기는 이런 사람들의 성장에 유리하지 않다. 그는 동료들의 응원을 거의 받지 못한다. 요점은 그는 전혀 자연물이 아니라 정신을 인위적으로 채굴한 공산품의 결과라는 것이다. 한마디로 그는 자연적인 영향과 조건에 의해 교정되지 않은 교육 시스템의 구현물이다. 우아함은 형식적인 행실 교육으로 형성되는 것이 아니라 자기의식이나 책략에서 자유로운 자연적인 근육운동으로 형성되는 점을 누구나 알고 있다. 뇌에도 같은 자연법칙이 적용된다. 소년의 머리에 그처럼 엄청난 지식을 쟁여 넣는 것은 정신 개발이 아니다. 그 결과는 반드시 과정만큼이나 인공적인 것이 된다. 정신은 개인적으로나 자연적으로 생각할 수 없게 된다. 단순한 생각을 단순히 표현하게 되면 세세한 규칙을 따지고 매우 제한적이며 무력한 사람을 만든다. 그리하여 얼치기 지식인이 탄생한다.

이런 과정을 저지하기 위해서는 피해자의 학교 동료들 쪽에서 수많은 거친 행동이 필요하다. 일반적으로 해결책은 피상적인 효과가 있을 뿐이다. 아무리 과감한 조치를 실행한다고 해도 얼치기 지식인의 행동은 한순간에 시스템에서 제거하기 어렵다. 그 행동을 제거하려면 그것의 존재를 촉진시킨 것과 정반대인 느린 정신 과정이 필요하다. 얼치기 지식인은 교육이 자기에게 제공한 잘못된 지적 관점에서 벗어나 처음부터 다시 시작해야 한다. 이는 일반적으로 굴욕적인 경험과 쓰라린 고통을 겪은 후 인생 학교에서만 배울 수 있는 힘든 교훈이다. 많은 사람은 그것을 결코 성공적으로 배우지 못한다. 이에 대한 연구자료가 더 필요할 것이다. 아마 그들의 개성은 시작 단계에서는 약하기 때문에 친절한 치료와 정성스러운 보살핌이 두 배로 필요할 것이지만 학교와 대학의 전통적인 교육은 그것을 철저히 절멸시켰다.

현재 상황에서 얼치기 지식인은 어느 곳에서든지 성장할 수 있고, 또한 성장하고 있다. 일부 교육기관, 특히 이튼이나 해로우 같은 명문 사립학교에서 그들은 다른 사람들보다 더 크게 낙심하고 있다. 그러나 모든 학교와 대학은 많든 적든 주입식 시스템의 영향을 받는 단계에 도달했다. 우리가 보았듯이 그것은 우리 공공 생활에 깊이 침투해 있다. 주로 공무원 채용, 설교단, 교장의 책상, 공공장소, 대학 강의실, 그리고 교육받은 사람들이 이용하는 서비스 시설이라면 어디에서도 그런 증거를 명백히 볼 수 있다.

스링과 아놀드와 같은 사람들의 이상은 시험제도가 주입

식 교육에 부당한 가치를 주는 한 달성될 수 없다. 아놀드 박사는 독창성을 암시하면서 다음과 같이 말했다. "나는 소년이 스스로 읽고 생각한 것은 최상, 몇 권의 책을 읽고 읽은 내용을 완전히 이해한 것은 차상, 오직 단 한 권의 책을 읽고 반성도 없이 그대로 따르는 것은 최악이라고 부른다."

오늘날 소년들은 스스로 읽고 생각할 시간이 없다. 자기가 다니는 학교에서 준비해야 하는 시험 외에도 장학금, 대학시험, 공무원 경쟁시험 등 다양한 것들이 있다. 이 모든 것들은 모든 학습 분야에서 쓸모도 없는 엄청난 사실의 획득을 요구한다.

우리 사립학교와 대학 생활에서 운동 분야가 생산하는 감탄스러운 신체 제품에 많은 관심이 쏠리고 있다. 영국 교육 시스템의 이런 장점은 건강하고 대부분 비 지적인 남성성의 훌륭한 표본들과 함께 전혀 감동도 없고 가장 역행적인 종류의 순수 학술논문을 생산하는 사실을 간과할 정도로 강조해왔다.

만약 당신에게 친구로 사귀려는 누군가가 "나는 당신이 아무개를 만나기를 바란다. 그는 이튼과 트리니티 대학에서 공부했고 수학 우등 졸업 시험에서 10등을 했다."라고 말한다면, 당신은 당신이 소개받을 사람이 어떤 사람인지 잘 알 수 있을 것이다. 그는 부자연스러운 장식을 싫어하며, 양복 조끼의 맨 아래 단추를 채우지 않을 것이다. 당신은 그가 생각하는 모든 주제와 대화가 어디로 흘러갈지 그 관점을 미리 정확히 알 수 있을 것이다.

그의 전반적인 정신의 지평은 학문적 전통에 의해서 주철과 같이 단단한 형태로 한정되어 있을 것이다. 당신이 조금이라도 그 경계를 확장하려고 한다면 시간 낭비라는 사실을 알게 될 것이다. 관례를 벗어나 아무 말이나 함부로 할 경우, 당신을 바보나 사기꾼으로 천대할 것이다. 이튼의 특징은 복장과 예의범절에 있다. 케임브리지 브랜드는 그의 마음의 각 틈새에 각인되어 있다. 그는 개성이 있다. 그러나 그것은 똑같은 교육경력을 가진 수백 명의 젊은이에게 공통된 개성이다.

이는 시스템의 잘못이다. 그것은 각 개인의 독특한 특징을 없애거나 가라앉게 하며, 교육의 변형이 일어나는 특정 기관이나 기관의 형태에 따라 제작된 개성으로 대체된다. 우핑엄에서 완전한 무명 학교를 최우수 사립학교의 반열로 끌어올린 사람은 "소년의 무리는 교육될 수 없다."라고 말했다. 그런데도 교육은 전 세계의 문명국가에서 계속되고 있다. 개혁은 교육 자체를 효과적으로 만드는 데만 한정하지 않는다. 특정 사실과 특정 주제를 모든 소년의 마음에 강요해야 하는 원칙이 유지되는 한, 국가는 관습을 계속 키우고 유지하여 획일적인 유형의 쓸모없는 평범함을 생산함으로써 얼치기 지식인을 만들어 갈 것이다.

불행하게도 이는 평균적인 교육자가 지향하는 과업이다.

국가의 최후 수단은 전통사상과 소위 평균 능력의 제조라는 믿음을 굳이 감추지 않는다. 이런 형태의 화석화된 보수주의는 국가 안에서 학교와 대학의 수에 비례하여 성장할 것으로 보인다.

지적인 성향이 전혀 없는 중하층 젊은이들은 모든 면에서 가장 좁은 전통적인 교육방식으로 쟁여지고 있다. 얼치기 지식인은 대량으로 생산된다. 가장 밉고 싫은 집안의 일족은 반쯤 비문해자인 얼치기 지식인이다. 즉, 그들은 점잖은 사람들을 비난하는 사람, 무대에 올라가서 코로 셰익스피어를 읊고 싶은 사람, 위대한 정부 부처의 공무원으로서 품위를 떨어뜨린 사람, 그리고 기타 등등 너무 많아서 자세히 열거할 수 없는 사람들이다.

실제로 그렇지 않은 것을 그런 척하는 것은 모두 저속한 짓이다. 얼치기 지식인은 일반적으로 사람들이 의심하는 정도보다 훨씬 더 흔한 인공적인 정신 질환자의 태도를 나타낸다. 오직 우리만 알고 있다면 우리 대부분은 얼치기 지식인들이다. 전통을 타파하여 스스로 생각할 수 없는 사람은 얼치기 지식인들이다. 영국은 그런 이들로 넘쳐난다. 우리는 언제 어디서나 그들을 만난다. 우리는 개의 욕구를 완전히 파악하지 못하는 무지에도 불구하고 개를 교외로 데리고 가는 그들의 모습을 본다. 우리는 우리 아들들을 학교와 대학에 보내 이와 똑같은 방식으로 제조하게 만든다.

제7장

소년의 퇴보

만약 어떤 소년이 일반 학교의 기준에 따른 주입식 교육 시스템에서 성공한다면 전적으로 그 과정과 대립하는 천성의 소유자들은 어떻게 되는가?

이 질문은 학교 자체를 한눈에 살펴보면 가장 좋은 답을 얻을 수 있다. 명문 사립학교 중 하나를 선택해보면 모든 수업 내용이나 수업방식이 거의 똑같은 조건에서 이루어지는 점을 알게 될 것이다. 각 학급의 최상위에는 가장 똑똑하게 여겨지는 소수 학생이 있고, 교사가 제시하는 질문은 대부분 그들이 대답한다. 나머지 대다수는 두 부류로 나뉜다. 하나는 평균적인 능력의 소년으로 구성되고 다른 하나에는 게으름뱅이, 불량소년, 멍청이들이 있다.

앞 장에서 우리는 고등학교와 대학에서 최고의 결과를 성취한 학생들을 평균적으로 대표하는 개인들을 중점적으로 논의했다. 그러나 이는 그런 기관을 통과한 학생의 일부분일 뿐이다. 나머지 80% 학생들이 학교에서 하는 역할은 우리가 밝혀야 할 몫이다. 교수 분류법에 따르면, 이 나머지의 대부분은 중간 지능의 소년들로서 특별히 두드러지지 않는다. 이들은 무엇이든지 느릿느릿 해내는 근면성과 적응력 덕분에 슬픔에 빠지지 않고 어떻게든지 일상적인 학습 과정을 헤쳐나가는 성실한 거북이들이다.

자기 기질에 맞지 않기 때문에 3배나 더 힘들게 공부해야 하는 이런 거북이들의 모습보다 더 우울한 그림을 그리기는 어려울 것이다. 거북이들은 교육 시스템 하에서 멍청하고, 게으르고, 말썽을 피우는 소년들보다 더 심한 고통을 받는다. 오히려 말썽꾸러기들은 적극적인 저항의 힘이 그들을 구조하거나 혹은 정신 자체가 주입식 원리로 전달되는 수업을 받을 수 없게 형성되었기 때문에 최악의 상황을 모면할 수 있다.

하지만 남학생들 사이에서 평균적인 평범한 학생은 종종 학업 성취도에서 그들보다 위아래에 있는 학생들과 비교하여 능력 면에서 열등하다. 그들은 배우는 과정에서 유리한 점이 없으며 결과에 저항하는 자질도 부족하다. 그들은 중간 영역에서 수행하기 때문에 이도저도 아니게 되는 동시에 그들에게 손해배상을 해줄 수 있는 그런 정도의 작위적 성공도 끌어내지 못한다.

인생의 성공이 무엇인지 일반화하기는 쉽지 않지만 학교 교육의 결과를 분석하는 일은 중요하다. 시험에 합격하기 위한 훈련을 받은 소년은 공공 서비스 분야에 들어갈 충분한 기회가 있다. 우리가 보았듯이 정부 각 부처의 정규직 공무원으로 채용되기 위해서는 성적이 중요하다. 비록 상당한 비율의 졸업생들은 적절한 시기에 대책을 논의할 것이라는 이유로 실업자의 대열에 낄지라도, 학문적으로 매우 뛰어난 수많은 사람은 역시 가르치는 직업에 종사한다.

열정도 없이 그저 기계적으로 자기 일을 하는 평범한 학생은 아마 직업적 지위에 잘못 배정된 사람 중 가장 높은 비율을 차지할 것이다. 학업에 따른 그의 지위 배분은 자연스럽지 않다. 그것은 소위 학교 규율에 따라 강요된다. 말하자면, 당국은 태만한 결과보다 계속 연마하여 필수과목의 성적을 덜 나쁘게 만들기 위해서 생각할 수 있는 모든 형태의 처벌을 고안한다. 이는 마음 내키지 않는 소년들을 지식이 잘못 적용되는 소위 고속도로로 내몰아 소처럼 절박감에 쫓기게 하는 간단한 기술이다.

사립학교에서 교육과정을 강요당하고 채찍을 맞아 본 사람이라면 누구라도 그 행위가 희생자에게 유쾌하지 않은 점을 인정할 것이다. '교육'이라는 용어로 아이들의 혹사를 위엄있게 보이게 하는 일은 가당찮은 일이다. 실제로 외국무역에서처럼 총검을 들이대고 중국인들에게 선교를 강요할 때, 중국인들이 기독교를 열렬히 받아들이고 있다고 말하는 편이 더 나을 것이다.

누구나 그 과정에서 살아남아 제정신을 유지하는 것을 보면 놀라울 뿐이다. 예민한 기질과 뛰어난 재능이 있는 많은 사람이 살아남지 못하는 사실은 너무 중요하기 때문에 나중에 별도의 장에서 다룰 것이다. 여기서 강조해야 할 점은 첫째, 소년들이 강박상태에서 어떤 일을 하도록 강요하는 것은 능력 개발이 아니라 절대적으로 발달을 방해하는 일이라는 것이다. 둘째, 악명이 높은 보편적인 절차는 교육받고 개선되어야 할 사람들을 퇴보하도록 유도하는 원인이 된다는 것이다.

아놀드 박사는 남학생들의 낮은 도덕성 수준은 불가피하다고 주장했다. "럭비 개혁과 관련하여"에서 그는 친구에게 다음과 같은 편지를 썼다. "기독교 교육의 장으로 만들려는 진실한 소망을 담아 간청합니다. 나를 믿어 주기 바랍니다. 나는 기독교 소년으로 만들려는 꿈을 꿀 수 없기에 가능하면 기독교인을 만드는 것으로 내 목적을 바꾸었습니다. 나는 남학생들이 소년기의 자연스러운 불완전한 상태에서 스스로 실천하여 완전한 발달에 이르기까지 기독교 원리의 영향을 받지 않는다고 생각합니다. 나는 내가 큰 틀에서 인류의 소년기를 생각하는 것처럼 여러 면에서 그들의 낮은 도덕성 수준을 큰 틀에서 용

인해야 한다고 생각합니다."

그는 다른 친구에게 보낸 편지에서 이 문제에 대해 더 강하게 말했다. "나는 이 편지를 쓰기 시작한 이후 학교 훈육에 상당한 어려움을 겪었습니다. 소년의 악한 천성의 표본 중 하나는 내가 사람들에게 아들을 사립학교에 보내라는 조언을 선뜻 하기 어렵게 만듭니다. 선에 맞서 악을 행하는 괴롭힘 제도가 있었고, 한 학생이 나에게 불만을 말했을 때, 그 이유로 곧바로 그를 응징하는 일도 있었습니다. 신체적으로나 도덕적으로나 순전히 비겁함 때문에 소년들이 그 사건에 동조하는 다양한 사례도 있었습니다. 만약 그들에게 맡겨두었다면 오히려 그런 일을 피할 수 있었을 것입니다. 이런 경우에는 능동적으로 꾸준히 선에 의지하는 소년들의 수가 극히 적다는 점, 그리고 점잖고 존경할만한 평범한 삶은 시류에 따라 악의 편에 서는 점은 성경이 인간의 천성에 대해 말하는 좁은 문과 넓은 문의 의미를 뼈저리게 느끼게 합니다. 문명과 예의의 옷을 갖춰 입은 인간의 삶에서는 그 점을 깨닫기 어렵습니다. 하지만 여기 벌거벗은 소년의 본성에서 알 수 있듯이 한 도시 전체에서 어떻게 열 명 정도의 의인을 찾을 수 없는지 사람들은 충분히 이해할 수 있을 것 같습니다."

이 함축적인 말은 고 아놀드 박사와 같이 논쟁의 여지가 없는 권위자에게서 두 배의 힘이 나오기 때문에 인용했다. 학교생활을 경험한 사람들은 모두 일반적으로 소년들이 교사를 속이고, 학교 당국에 거짓말하고, 머릿속에 있는 모든 종류의 짓궂은 농담을 지껄이면서 시간을 보내는 것으로 알고 있다. 하지만 이런 사실들은 아주 오랫동안 많은 소년을 관찰하는 위치에 있었던 사람이 증언하는 편이 낫다. 일반화에 대한 과장이나 성급한 비난은 오래 유지할 수 없다.

하지만 감히 나와 아놀드 박사 간에 다른 의견이 있다면 그것은 낮은 도덕성 수준의 원인을 오직 소년의 본성 탓으로 돌리는 가정이다. 이는 부분적으로 사실이지만 타고난 본성보다 더 강한 원인은 말하지 않는다. 이는 소년의 개인 성향이나 능력을 발달시키지 못했을 뿐만 아니라 실제로 대부분 자기 본성과 전혀 맞지 않은 직업을 강요하는 교육 시스템의 탓일 수 있다. 이는 소년기의 괴팍한 언행을 해석하는 진정한 열쇠이다. 만약 그런 설명이 없다면 사람들은 위대한 럭비학교의 교장과 함께 소년의 본성은 본질상 악하다는 가정에서 결코 헤어나지 못할 것이다.

소년들은 다른 이성적 존재들과 마찬가지로 자신들의 관심과 놀이가 있어야 한다. 만약 합법적이고 정상적인 것을 금지한다면 그들은 불법적이고 비정상적인 것에서 위안을 구할 것이다. 자연이 소년을 발달시키려 의도했던 능력 개발에 실패하면 진공상태가 된다. 이 진공상태는 반드시 채워져야 한다.

소년의 기질에 반하는 수학 문제나 라틴어 불규칙 동사의 어형 변화로 그것을 채우려는 것은 전혀 쓸모없는 짓이다. 일반적으로 보통 소년은 남아프리카의 평범한 핫텐토트 사람들Hottentot처럼 이런 학교 교육과정의 신나는 특징에 흥미를 가질 수 있는 능력이 거의 없다.

건강한 모든 소년은 에너지를 축적한다. 만약 그것이 조금이라도 존재해야 한다면 이런 에너지가 낭비되지 않도록 살피는 일은 교사의 첫 번째 목표가 되어야 한다. 이런 자연의 힘은 반드시 기억되어 증발하지 않는다. 자연의 힘은 거기에 있으며, 자연의 법칙은 그것이 끊임없이 확장하고 새롭게 될 것을 명령한다. 이 소년이나 저 소년의 에너지 저장고는 하나가 아니며 다른 경로를 통해 스스로 확장한다. 만약 교사가 학생의 특정 성향을 어렵게 발견해서 그것을 촉진하고 계속 교육한다면, 소년의 모든 에너지는 유용하고 적절한 직업에 사용될 것이다. 하지만 현재의 교수 방법에 혁명이 일어나지 않는 한, 이런 일은 불가능할 것이다.

학교가 자화자찬하는 훈육은 완전히 거짓이며 해로운 규율이다. 학생에게 주어지는 자유는 그들의 업무 소관에 해당하지 않는다. 소년들의 자유로운 선택에 맡기는 것은 매우 중요하다. 아이가 하고 싶은 게임을 금지하고 아이가 좋아하지도 않는 놀이를 강요하면 부모들 사이에 큰 소동이 일어날 수 있다. 크리켓 필드에서 중심 투수인 소년을 빼내서 핸드볼과 비슷한 파이브스fives나 라켓볼에 투입하거나 이튼의 사례를 이용하여 헨리 학교에서 8인조 노를 저을지 모르는 유망한 노잡이를 "보트 부원"으로 데려다가 하급 "크리켓 부원"으로 만들어 운동장에서 뛰게 한다면 괴물로 여겨질 것이다.

하지만 체육학에 적용하는 것과 똑같은 논쟁은 정신학 영역에서도 적용할 수 있다. 실제로 교실에서 소년에게 주어지는 자유는 전혀 없다. 많은 학교에 고전이나 현대적인 것의 선택 제도가 있는 점은 사실이다. 하지만 선택은 소년이 아니라 부모의 몫이다. 학교 공부와 관련하여 소년은 항상 기계로 취급된다. 오직 고전적인 구속복이나 현대적인 구속복의 제공만 있을 뿐이다. 소년은 제3자의 헛된 구상에 따라서 이쪽이냐 저쪽이냐 중 어느 한쪽으로 결정된다.

구속복은 오래전에 정신병원에서 폐기되었다. 의학 전문가들은 강압과 같은 것은 뇌에 치명적이라는 사실을 발견했다. 현재 영국의 정신병자들은 인간적이고 합리적인 정신으로 대우받고 있지만, 교육 전문가는 심지어 정신병자에게서도 중단된 바로 그 방법으로 학생들 뇌의 섬세한 구조를 파괴하는 일에 열중하고 있다.

학교의 교육과정이나 기타 임의적인 학습 과정은 정신적인 구속복이다. 그것은 직접 적용하기 때문에 정신에 더 부도덕하고 퇴폐적인 영향을 미친다. 신체적 구속이 설득력을 파괴한다면 직접적인 정신적 구속은 더 큰 피해를 입힐 것이다. 그러나 스링과 아놀드에서부터 오늘날 주입식 전문가에 이르기까지 이 단순한 사실을 이해하는 사람은 아무도 없다.

학교 교사는 어머니와 같은 존재다. 소년들이 교육 시스템에서 살아남기 때문에 교사들은 그것이 아기를 양육하는 유일한 음식이라고 믿는 자애로운 어머니처럼 완벽한 방법임이 틀림없다고 상상한다. 그들은 유아는 특별한 음식보다 경이로운 소화 방법 때문에 오래 살아남을 수 있다는 사실을 알지 못한다.

일반적으로 우리가 이 교육 시스템이 소년에게 미친 영향을 공정하게 조사하려면 근본적으로 무엇이 잘못되었으며 원인이 어디에 있는지 분명히 밝혀야 한다. 몇 사람이 치료를 받고 생존하여 10명의 의인으로 남는다고 한들, 대다수의 퇴보에 대해 무엇이라고 말할 수 있겠는가? 얼굴을 응시하면서 어린아이를 교육하는 획일적인 방법의 변칙과 결함을 단순히 소년의 본성의 탓으로 돌리는 것은 분명히 터무니없는 일이다.

진실은 타고난 성향이 자기 방식을 내세워 난폭하게 밀어붙이는 청소년기의 발달상 특징에 있다. 그들은 탈출구를 찾으려고 끊임없이 노력한다. 하지만 맹목적인 부모와 교육자들은 교육용 구속복을 신속하게 입히기 때문에 이 자연법칙에서는 무슨 일이 있더라도 제지해야 하는 사악하고 비뚤어진 경향성만 볼 수 있을 뿐이다.

제8장

교육받은 사람의 몸부림

지금까지 우리는 주로 강제적인 학습 과정이 개인에게 미친 영향에 대해 논의했다. 소년들은 어린 시절부터 다소 유연하지 못한 훈련 방법으로 교육받기 때문에 여러 가지 면에서 고통받는 점을 알게 되었다. 그러나 이 모든 것의 직접적인 원인은 교육이다. 우리는 이제 그 문제를 그 이상으로 파헤치기 전에 교육에서 간접적으로 발생하는 특정 장애를 살필 것이다.

우리 대부분이 아는 것처럼 소년에게 적합하든 그렇지 않든 어떤 것을 배우도록 강요하는 것은 정말 나쁜 일이다. 하지만 똑같은 양의 지식을 모두에게 똑같이 강요해야 한다는 것은 더 가당치 않은 말이다. 그런데도 이는 영국 전역의 모든 교육기관에서 정확히 수행하고 있으며 시스템의 피해자에게 엄청난 재앙을 초래하고 있다.

한 사례로 다시 한번 삶의 지도로 돌아가 보자. 보통 아이는 4~5세의 나이에 알파벳을 배우기 시작한다. 그 이후 몇 년간 하위 형태의 사립학교 준비에 필요한 기초적인 것을 배운다. 11살이나 대략 그 시기에 본격적인 학교생활을 시작한다. 그는 전 기간의 모든 면에 걸쳐 동료들이 배우는 과정과 똑같은 학업 과정을 통과하게 된다. 학교의 모든 소년들은 똑같은 사실을 똑같은 방법으로 꾹꾹 눌러 쟁여진다. 대학 입시 준비생은 다른 동료들과 정확히 똑같으며, 10년 전의 선배와도 정확히 똑같다. 아마 10년 후의 후배들과도 정확히 똑같을 것이다. 그는 동료와 똑같은 지식을 소유하고 똑같은 시각을 지니고 똑같은 정신의 지평을 공유할 뿐만 아니라 획일적인 취향과 습관을 갖게 된다. 바꾸어 말하면, 학교는 그에게 모든 학생이 공유하는 공통 개성이라는 도장을 찍어서 내보낸다.

학교를 졸업하고 나면 대학에서도 똑같은 과정이 계속된다. 그는 여기서 똑같은 사실, 똑같은 규칙, 똑같은 사람에게서 빌린 똑같은 아이디어로 다시 쟁여진다. 그런 것들은 학위를 따기 위해서 공부하는 다른 청년집단에 그대로 각인된다. 그는 과제를 성실히 수행한 후 나머지 사람들과 함께 학위를 받는다.

이 목표가 달성되면 그들의 교육경력은 끝난다. 그는 졸업했다. 말하자면, 그는 제한된 특정 지식을 습득했다는 의미의 자격증을 획득했다.

다음은 어떻게 되는가?

불행한 졸업생은 갑자기 대학 졸업장은 그가 큰 기대를 품고 상상했던 준비된 여권이 아니라는 사실을 알게 된다. 적당한 자리를 얻거나 교회에 들어가거나, 몇 명의 학생을 모아놓고 코치를 하거나, 바에 가서 독서를 하거나 공무원 시험 준비를 할 방법을 찾지 않으면 그는 당장 굶주릴 가능성이 거의 확실해질 것이다.

몇 년 전, 메트로폴리스의 빈민 지역에 있는 공동 숙박업소의 생활실태를 조사하면서 많은 시간을 보낸 한 작가가 놀라울 정도로 많은 수의 대학생들이 그곳으로 흘러 왔다고 말했다. 그러나 이들은 좋은 자리를 맡을 수 있는 최고의 자격이 있다고 스스로 생각하는 사람들이다. 그러므로 어떤 면에서 보면 이런 학문훈련에는 실제 생활에서 희생자를 가혹할 정도로 불행하게 만드는 결점이 있는 것이 분명하다. 교육 전통에 따르면 뛰어난 정신 능력이 필요한 책임 있는 자리에 가장 적합하다고 분류된 사람이 실제로 이런 상황에서 확실한 무능력자로 생각되는 것은 결코 단순한 사건일 수 없다.

누구도 다양한 분야에서 높은 성취도를 요구하는 천성에 맞는 직업이 충분하지 않다고 단언할 수 없다. 문학 자체는 특별한 재능을 나타내는 분야에 다양한 직업을 제공한다. 그리고 슬프게도 정신적 수월성이 필요한 다른 많은 인생길이 있다. 이는 능력과 재능을 보여주는 사람들에게 충분한 일과 보수를 제공한다. 그러나 이 모든 빈자리에도 불구하고 일부 학생들은 공동 주택에서 그럭저럭 비참한 빈민 생활을 꾸려나가거나 극단적인 경우는 교구의 구제를 요청하기도 한다.

이 이상한 변칙은 단순히 교육공장이 마네킹을 제조할 뿐만 아니라 모두 똑같이 찍어낸다는 사실로 설명할 수 있다. 일반적으로 상급 학교와 대학에서는 고전 언어 마네킹, 현대 언어 마네킹, 과학 마네킹이라는 세 가지 유형 중에서 선택할 수 있다. 그러나 이런 삶의 모든 실제적인 목적에 비추어 보면 각 유형은 다른 것들과 매우 비슷하다. 말하자면, 그것들은 쓸모없는 점에서 모두 똑같으며 시대에 보조를 맞추어 나가는 과업 수행에도 똑같이 부적합하다.

모든 사람이 공통된 지식을 준비한 결과는 비참한 형태의 지적 경쟁을 가속화 했다. 수천 명의 젊은이가 학교와 대학에서 똑같은 기능을 정확히 수행하기 위해 매년 똑같은 준비를 한다. 이런 상투적인 방식에 따라서 시장에 대량으로 공급된 지식인들은 비숙련 노동자와 거의 비슷한 불행을 맞고 있다. 수요가 공급을 훨씬 초과하는 상황이어서 결과적으로 모두에게 취업 기회를 찾아보기 힘들게 되었다.

아마 문학과 언론계 종사자들은 모두 똑같은 생각, 사실,

수치, 연대로 꽉 채워진 이런 기계가 만든 학생들의 완전한 어리석음과 무용성을 가장 적절히 제시할 수 있을 것이다. 이들은 다른 직업의 현실과 마찬가지로 독창성, 지적 독립성, 통찰력, 판단력, 상상력이 필요한 사람들이다. 저널리즘은 아이디어가 필요하다. 사실은 통신사와 기자가 제공하는 것으로 충분하다. 문학의 문은 경이롭고 활기 넘치는 생각, 참신한 비판, 환상적인 상상력이 하늘을 날 수 있도록 활짝 열려 있다.

학문적으로 훈련받은 평균인은 무엇을 제공하는가? 그는 소크라테스와 플라톤으로부터, 로마의 시인, 오비드, 버질, 호레이스에게서 빌려온 여러 종류의 간접적인 아이디어를 가지고 있다. 볼테르, 괴테, 칸트, 셰익스피어, 단테의 사상을 그대로 따라 할 수 있다. 아리스토텔레스, 피타고라스, 베이컨, 갈릴레오, 뉴턴, 라부아지에, 데비, 패러데이, 다윈을 설파할 수 있다. 고전 신화에서 실례를 빌릴 수 있다. 고대 이집트의 왕조를 꿸 수 있다. 역사와 관계없이 존왕이 마그나카르타에 서명한 정확한 연대와 장미전쟁에서 벌어진 정확한 전투 횟수를 말할 수 있다.

그런 것은 수없이 많은 대학 졸업생들이 성취한 교양이기 때문에 종종 그들이 구빈원으로 향하는 경우는 별로 이상한 일이 아니다. 이전 세대의 시인, 철학자, 과학자의 옷으로 차려입은 사상의 수요는 그리 많지 않다. 이들의 문헌을 읽기 좋아하는 사람들은 범죄사례 편찬서인 뉴게이트 달력$^{Newgate\ Calendar}$에서부터 베이컨의 격언까지 짧은 정보를 선호한다. 그들은 19세기 모든 철학자의 지혜를 결합한 문구를 읽기보다 오히려 크림전쟁 때 '경 기병대의 돌진$^{The\ Charge\ of\ the\ Light\ Brigade}$'이나 '돈을 내고, 내고, 갚아$^{Pay,\ pay,\ pay}$'라는 인용문을 보고 더 피가 솟을 것이다.

전문직과 다른 직업과 관련해서도 똑같은 주장을 할 수 있다. 대학 졸업자는 실질적으로 성취한 것이 없다. 그는 장식용일지 모르지만 실제로 유용한 사회 구성원이 아닌 것은 분명하다. 그에게 잘 맞은 유일한 일은 대학 강의와 주입식을 수단으로 사용하여 다른 사람들이 불행한 동료가 되도록 돕는 것이다. 그러나 이는 거의 유익한 활동 분야라고 할 수 없다. 수많은 다른 사람들이 자신과 똑같은 교육 장비를 소유하고 있다는 사실 때문에 그는 모든 일에서 어려움에 직면한다.

왜 모든 교육받은 사람이 다른 사람과 똑같아야 하는가? 그럴 이유는 전혀 없다. 그런 유사성은 순전히 인위적이다. 자연은 모든 결코 사람이 똑같게 되기를 의도하지 않았으며 인간 자신의 사악함이 인류를 그런 수준으로 끌어내렸을 뿐이다. 학생에게 모두 똑같은 정신 능력을 부여하는 어리석음은 언급할 필요가 없을 정도다. 정신을 개발하는 대신 정신을 채우는 현대적인 계획에 따를지라도, 사람들은 상식은 가능한 한 다양한 것들을 많이 제조할 필요성을 강조할 것으로 생각했을 것이다.

전반적인 진화의 추세는 다양화다. 자연법칙이 교육 시스템으로 완전히 무너지지 않는다면, 결코 수십만의 종 대신에 2~3개의 인간종으로 세계를 채우는 불합리성은 영속화되지 않을 것이다. 자연에 대한 이런 임의적인 간섭이 계속되는 한, 교육받은 사람은 시장에서 결코 마약을 중단하지 않을 것이다. 그것의 즉각적인 효과는 개인에게 특별한 자질을 부여하는 것이 아니라 실제 삶을 무겁게 짓누르는 불행을 가져온다.

"잘 교육받은 사람들" 간의 경쟁은 과잉인구나 유능한 사람의 과잉공급 결과가 아니라 성취의 획일성에서 기인한다. 일반적으로 이것을 실현한다면 가장 시급한 사회문제의 해결책을 찾을 희망이 보일 것이다.

제9장

여인 제국

남성들은 항상 여성들이 세계에서 차지하는 실제적인 위치와 관련된 진실을 인정하지 않았다. 그들은 남성의 정신적 우월성을 찬양하는 남성 신화를 유지하며 남성의 배우자로서 여성을 보호한다고 말한다.

남자는 여자보다 더 높은 지력이나 능력의 소유자라는 점은 심리학적 면에서 사실이다. 그러나 다른 한편으로 여자는 정신기계 장치를 태고 때부터 사용해왔다는 점에서 엄청난 이점을 가지고 있으며 실제로 여성이 보통 남성보다 훨씬 많은 것을 스스로 생각해 낸다는 것은 진실이다. 그러나 그들은 대부분 생활에서 사소한 관심거리에 지나친 관심을 집중시키는 반면, 남성은 더 거시적이고 중요한 일에 집중하기 때문에 여성의 정신은 남성의 정신보다 열등한 것으로 받아들인다.

어떤 의미에서 이는 사실일 수 있다. 어쩌면 여성의 정신에는 남성의 능력이 없을 수 있다. 논쟁을 끝내고 사실을 증명하기 위해서 우리는 여성 셰익스피어, 뉴턴, 비스마르크, 라파엘, 베토벤을 찾아내야 한다. 그러나 우리는 여기서 잠재력이 아닌 기존 상황을 다루고 있다. 그러므로 나는 일반적으로 여성은 남성보다 지력을 훨씬 더 유리하게 사용한다는 말을 망설임 없이 꺼낸다. 이는 지적 특화와 별개로 여성이 평균적으로 남성보다 정신적으로 우위라는 고백에 해당한다.

이는 대강 하는 말이지만 오직 진실을 위한 것이며 그럴듯한 더 많은 보충 설명이 필요한 점을 인정한다.

충분히 지적했듯이 인간의 정신훈련은 독창적 사고를 철저히 제거한 후 진공상태에서 사실을 완전히 주입한다. 최근까지 여성은 이 쾌적한 과정을 경험하지 않았다. 아주 오랜 시간 동안 그들은 전혀 교육받지 못했다. 부유한 계층의 가정에 여성 가정교사가 처음 등장했을 때 그 목적은 다양한 지식의 기계적인 주입보다 여자에게 필요한 일부 고상한 성취감을 제공하는 데 있었다.

이 전통은 여전히 상류 계층에서 어느 정도 유지되고 있으나 남성 교육의 나쁜 점을 빠짐없이 모방한 많은 여자 대학이 생겨났다. 이 대학들은 상류층과 중산층의 소녀들, 주로 중산층이 자주 다니며 그들이 점차 여성의 특성에 혁명을 일으킬 것은 명백했다. 그러나 유전, 특히 세대 내에서 오래 유지된 장년기 유전일 경우, 그것은 심신 형성에 강한 영향을 미친 유전자이며 혁신에 지속적으로 저항한다. 그러므로 여성 인류에 관한 이런 교육 혁명의 완전한 효과는 아직 알 수 없다.

최종적인 결론은 대다수 여성이 여전히 생각에 중독되었다는 점이다. 중독은 매일 심해진다고 실토해야겠지만 예외적인 경우를 생각하면 그들의 마음속 생각을 완전히 사실로 대체하지는 못했다. 그들의 생각이 대부분 일상에서 빈번히 일어나는 사건에 집중된 점은 말할 나위가 없을 것이다. 아마 그들은 병적일 정도로 너무 많은 성찰을 하는 것 같다. 그러나 인간이 원래 뇌가 의도했던 기능을 원활하게 하는 데 도움을 준다면 어떤 것에도 감사해야 한다. 윌리엄 정복자의 군주 시대를 들먹이거나 음절의 의미도 모르면서 호레이스의 오데스를 해석하는 것보다 지인의 동기를 추측하거나 하녀가 하는 일의 결점을 심각하게 들추는 편이 정신발달에 수천 배나 더 좋다.

이리하여 여성들은 사소한 일을 반성하는 습관이 생기게 되었다. 여성 중에서 재능이 뛰어난 사람은 사소한 일을 더 무거운 주제로 확장했다. 여성들은 그런 주제가 눈에 거슬리지 않은 점을 이용하여 남성을 지배하는 데 더 유리한 위치에 설수 있었다. 보통 여성들은 남자의 눈을 완전히 피해가며 섬세한 것들을 볼 수 있어서 관찰 정신을 자연스럽게 훈련하고 인식할 수 있었다.

보통 사람은 태양 아래서 가장 관찰력이 떨어지는 창조물이다. 그는 코밑에서 일어나는 일도 거의 이해하지 못한다. 그의 우월한 정신은 백분율로 포장되거나 인류의 부흥을 위한 웅대한 계획에 흡수되었다고 말해도 지나치지 않을 것이다. 분명한 사실은 그는 관찰 범위 안에 있는 모든 것에 지능을 적용할 능력을 갖추지 못한 점이다. 진화론은 그런 능력이 있다고 간주한다. 하지만 자연법칙을 거의 존중하지 않는 교육 시스템은 성향을 억제하거나 완전히 파괴할 수 있는 방법을 찾아냈다.

그러므로 여성이 말 그대로 독재 제국에 남성을 종속시키는 데 외견상 예상치 못한 성공을 거둔 점은 놀랄 일이 아니다. 어떤 사람들은 이 제국이 육체적 매력에 의해서 얻었다고 주장하지만, 반증은 어렵지 않다. 모든 여성이 모두 아름다운 매력을 가지고 있지 않다. 어떤 국적이나 어떤 사회적 신분을 막론하고 거의 모든 여성은 인류에 다소 강한 영향을 미친다.

남편들은 사업 문제나 공공의 이익에 중요한 일에서 일반적으로 자신들이 인정하는 수준보다 아내들의 지도를 훨씬 더 많이 받는다. 얼마 전 나는 어느 해변 호텔에 머물면서 자수성가하여 편안한 삶을 즐기는 완고한 성격의 랭커셔 상인과 친분을 맺었다. 어느 날 그는 자신감이 넘치는 목소리로 나에게 말했다. 그는 사업을 하면서 아내와 상의하지 않고서는 한 걸음도 내딛지 못했으며 결코 아내에게 조언을 구한 일을 후회하지 않은 사실을 인정했다.

이 경우 아내가 바른 판단을 내리는 남편과 똑같은 기회가 없던 점을 생각해 보면 이 이야기의 교훈은 더 중요해진다. 남편은 사업의 세부사항까지 속속들이 알고 있다. 그는 거래하는 사람이나 관련된 많은 사람을 잘 알고 있다. 의존할 경험도 더 많이 있다. 하지만 여하튼 아내는 모든 사실을 파악하고 관련된 사람들의 동기를 더 분명하게 알고 있는 것처럼 보인다. 그녀는 남편에게 "왜, 당신은 아무개가 당신을 속이려는 것을 알지 못해요?"라고 소리를 지를 것이다. 잘못을 깨달은 남편의 눈, 그는 갑자기 아내가 자신의 반성 능력이 휴면상태에 있다고 생각하는 사실을 깨닫게 된다.

실제로 생각하는 습관은 정신 체조를 통해 습득할 수 없다. 철학자, 수학자, 과학자들은 구름 속에 사는 것으로 악명 높으며 일상생활의 문제를 상식적으로 관리하는 능력이 크게 떨어진다. 하지만 이들은 정신훈련이라고 부르는 고도의 훈련 방식을 경험한 사람들이다. 사실을 쟁여 넣는 정신 체조가 인간 정신의 최고 개발자라면, 이런 사람들은 완벽한 지성의 모델이 되어야 한다. 그러나 적어도 우리가 모두 똑같이 주의를 기울일 필요가 있는 인간사에 전혀 상식을 적용할 수 없는 상태에 있다면 아무리 정직한 사람일지라도 에퀴녹스^{équinoxes}의

세차운동의 개념을 명확히 알거나 형이상학적 난문제를 만들어 내는 것을 최고의 지성 발달로 부를 수 있겠는가?

이런 유형의 정신훈련은 사람들에게 생각하는 법을 전혀 가르치지 않지만 지능을 크게 제한하여 인간의 사회적 생존에 필요한 통상적인 조건에 역효과를 가져온 것은 분명하다. 인간은 매우 넓은 시야를 가질 수 있지만 시야가 더 넓어질수록 인간은 정상적인 기능을 수행하는 뇌의 능력으로부터 더 멀어지는 것처럼 생각한다. 이것을 적절한 정신발달이라고 부르는 것은 명백히 비합리적이다. 그러나 많은 사람은 그렇게 받아들이는 것에 만족하며 명백한 모순을 재고하려는 노력도 없이 비정상을 정상으로 생각한다.

물론 여성의 정신훈련이 더 이상으로 바랄 수 없을 정도로 완벽하며 그랬었다는 주장은 아니다. 여성의 경우 사고능력의 발전을 부정하는 치명적인 교육 방법에 더 적게 노출되었다는 사실이 다른 어떤 것보다 더 중요하다. 이는 뇌의 실제 사용이 전통적인 교육방식으로 파괴된다는 결론을 보다 분명하게 보여준다.

수많은 세대에 걸쳐 스스로 문제를 해결하도록 자유롭게 맡겨진 여성들은 전 세계의 모든 교육 시스템이 인간의 정신 속에 쟁여 넣지 못한 능력을 획득했다. 이 점에서 남성을 지배하는 광대한 제국의 건설은 그들의 우월성이다. 정확하게 이해한다면, 여성의 현대적 변신은 현재의 교육 방법이 초래한 폐단을 가장 잘 상상하는 구체적 실례이기 때문에 이 점에 대한 일반적인 이해가 가장 중요하다. 이는 학문적으로 숙련된 여성이 남자들을 세상의 사회적 지위에서 밀어낼 것이라는 위협이 아니라 여성에게 매우 많은 권력과 영향력을 허용한 바로 그 무기를 여성 자신이 스스로 잃을 위험에 처한 상황을 말한다.

안경 쓴 거튼의 소녀에 대한 엄청난 난센스가 말과 글로 퍼져 나갔다. 이 소녀는 남자 지식인들과 경쟁하면서 그들의 모든 찬사를 잃고 유리한 처지에서 밀려났다. 안경은 이 문제와 전혀 관련이 없다. 이미 지적했듯이 육체적인 매력은 여성의 막후조종능력과 전혀 또는 거의 관계가 없다.

여성들은 훈련된 관찰 능력에서 그리고 인간 삶의 총합을 이루는 수많은 사소한 문제에 자신의 지력을 적용하는 능력이 그들에게 부여한 치밀함에서 진정한 권력을 끌어낸다. 남성에게서 이런 능력을 끌어내는 데 실패한 교육과정을 여성들에게 체계적으로 부과하게 되면 그들의 정신은 더 이상으로 이런 능력을 발달시킬 수 없게 될 것이다. 그리고 그것의 손실로 인하여 여성은 지금까지 남성을 지배한 위대한 제국을 잃게 될 것이다.

이 관점에서만 보면 현대 시스템이 제공하는 여성 교육은 많은 비난을 받아야 마땅할 것이다. 일반적으로 여성이 인류의 이익을 위해 항상 큰 영향력을 발휘한 사실은 이론의 여지가 없다. 눈에 띄는 예외적인 사례는 역사에서 쉽게 인용할 수 있으나 전체적으로 보아 여성이 자신의 능력을 남용하는 경우는 거의 없었다는 점은 인정해야 한다. 그러므로 인간 문제에 이런 유리한 영향력을 무력화하거나 파괴하려는 계산은 어떤 것도 매우 위험할 것이다.

소녀들이 소년들과 똑같은 교육을 받아야 한다는 주장이 확대될수록, 여성의 퇴보는 더 가속화될 것이다. 종종 허약한 소년들이 학교의 주입식 수업이 주는 부담감을 견디지 못하는 점은 의료계에서 널리 알려진 사실이다. 그러므로 더 정교한 조직을 가진 소녀들은 상대적으로 더 심한 고통을 받게 될 것이다. 물론 육체적인 훈련은 이런 악의 많은 부분을 제거한다. 하지만 이미 경험한 것처럼 소년들이 걱정하는 곳이라면 소녀들에게도 똑같은 일이 일어날 것이다. 가장 유망한 지적 능력은 부분적으로는 학교 당국의 야망, 학생들이 시험에서 두각을 내기 바라는 교장의 열망 때문에, 그리고 부분적으로는 특출한 능력은 종종 신경질적인 기질과 허약한 체질을 동반하는 사실 때문에 희생될 것이다.

여성은 결코 사고와 관찰 능력을 지나치게 이용해서는 안 된다는 사실을 인정해야 한다. 그들은 종종 너무 명확한 결론을 성급하게 내리는 경향이 있다. 이런 작업은 너무 빨리 작동해서 종종 단순한 직관으로 흐르기 쉽다. 하지만 여성이 보이는 직감의 놀라운 정확성은 짐작이나 추측보다 더 견고한 근거가 있으며 어떤 지적 과정의 기초가 거기에 존재한다는 증거다.

직관이 더 느리고 더 철저한 논리 과정을 통과하지 않고 작동하는 것은 여성의 사고능력이 천연상태에서 교육에 의하지 않은 발달단계에 있기 때문이다. 능력을 등한시하는 것은 결코 그것의 개발과 동의어가 아니다. 그러므로 여성의 사고력과 관찰력은 성숙한 것이기보다 오히려 미발달 단계에 있다. 그들이 수행하는 일은 신중한 격려와 숙련된 훈련의 후원을 받으며 그들이 이루게 될 성취에 바치는 십일조 헌금이 전혀 아니다. 능력은 지나친 주입식으로 파괴되거나 교육적인 처치로 촉진되지도 않는다. 그것은 단지 개인의 자연환경에 따라 다소 휴면상태에 있도록 허용할 뿐이다.

만약 탁월한 뇌 기능을 소유한 남성이 현재 여성에게 한정된 관찰 습관을 길러서 몇 가지가 아닌 모든 것에 그의 지능을 적용하도록 장려한다면, 세계 진보의 비율이 엄청나게 증가할 것이다. 남성은 상등품으로 제작된 존재이고 여성은 같은 교육의 과정에서 서둘러 스스로 복종해야 잘한다는 생각은 누가 처음에 시작했는지 나는 모른다. 여하튼 그것은 비참한 교리이다. 그런 오류를 더 빨리 인식할수록 현재 남성성을 해치고 있는 어리석은 실수, 즉 학교교육으로부터 미래의 여성 세대를 구제할 기회는 더 많아질 것이다.

천우신조로 지난 세대 동안 학교 교육으로부터 구원받은 여성들이 엄청난 주입과 체벌로도 결코 남성에게서 일깨우지 못한 정신 능력을 보존해 올 수 있었던 사실에 만약 교육자들이 눈을 뜨도록 설득할 수 있다면 그것은 실로 대단한 일일 것이다. 그렇게 되면 교육자들은 여성에게서 지적 재능을 박탈하려는 무지한 시도에서 손을 떼고 아마 남성들이 자신의 사고능력을 육성할 작은 정신 공간을 확보하도록 무언가를 할 수 있을 것이다.

제10장

청소년과 범죄

이 제 상당한 어려움과 중요한 질문이 제기되는 교육 문제를 살펴볼 것이다. 지금까지 논의는 대중에게 무익하고 부적절한 교육을 강요할 때 발생하는 약한 악에 한정되었다. 그러나 이 문제는 타고난 성향에 맞는 직업을 구하려고 했던 수많은 사람에게 단순히 부적합한 직업을 배분한 것보다 훨씬 더 심각할 가능성이 있다.

앞에서 지적한 것처럼 사람들은 교육 시스템의 어리석음 때문에 자기와 맞지 않은 직업으로 내몰렸다. 이런 적성에 맞지 않은 직업을 끝없이 생산해내는 지위 불일치가 초래한 고통과 낭비는 헤아릴 수 없다. 어떤 사람들은 이 세상 자체가 지옥이라는 독창적인 이론을 가지고 나왔다. 이제 우리는 실제로 우리가 연옥에서 처벌받고 있다고 해도 크게 이상하게 생각하지 않는다. 우리 중 많은 사람의 삶은 우리 개인의 취향과 소망과는 정반대로 가라는 지상명령을 받았다는 가정에도 분명히 상당한 근거가 있는 것 같다.

이것으로 충분하지 않다. 지금 우리 앞에 놓인 문제는 수많은 해악을 끼친 교육 시스템에 과연 감사할 필요가 있는지 묻는다. 단순한 불행은 반드시 영혼을 파괴하지 않는다. 하지만 국가가 제공하는 거짓 교육의 악영향이 희생자를 불행하게 만드는 데 그치지 않고, 그중 일부를 실제적인 범죄자로 몰아간다는 주장에도 충분한 이유가 있다.

처음부터 혐의사실을 증명하기가 쉽지 않은 점은 인정해야 한다. 이 점에 관한 지금까지 발표된 어떤 통계에서도 만족스러운 증거를 도출하기는 불가능하다. 12세에서 21세 사이의 젊은이들이 연중 기소된 범죄 중에서 유죄판결을 받은 사례가 얼마나 되는지 판단은 통계를 통해서 가능하다. 그러나 범죄학에 익숙하거나 통계자료의 수집에 정통한 모든 사람은 공식 수치가 내놓는 증언에 의존할 때 나타날 수 있는 무용성을 잘 알고 있어야 한다.

의무교육 기관이 설립된 이래로 청소년 범죄자의 증감 실태를 알아보는 일은 매우 유용하다고 할 수 있다. 이 문제와 관련된 통계 자료는 얻을 수 있지만, 통계에 대한 신뢰는 불가능한 제약이 있다.

우선 젊은이들이 저지른 범죄의 증가나 감소의 원인을 보여 줄 자료는 아무것도 없다. 그 원인은 다양한 환경에서 찾을 수 있으며 그 중 어느 것도 정확하게 결정할 수 없다. 예를 들어, 최근 몇 년간 치안판사가 청소년 범죄자들에게 관대한 판결을 내리는 경우가 증가한 현상은 널리 알려진 사실이다. 결과적으로 이 계층의 범죄와 관련하여 몇 년 전의 사건과 비교할 때 더 적은 유죄판결이 내려졌다. 따라서 유죄판결 건수는 청소년 범죄자의 증가나 감소 비율에 전혀 어떤 참고자료도 제공하지 못한다.

더욱이 경찰의 경계가 더 엄격해지면서 청소년 범죄가 더 자주 적발되고 있다. 반면에 이 문제와 상반되는 것으로 교육이 즉결 심판소의 보고서와 선풍적인 단편소설을 읽도록 청소년들을 격려하여 범죄자에게 더 조심하도록 가르치는 점이다.

이 밖에도 다양한 범죄를 저지르고 유죄선고를 받아야 할 많은 청소년이 전혀 기소되지 않는 점도 중요하게 고려해야 한다. 이는 두 가지 원인에서 기인한다. 첫째, 대부분의 경우 그들이 발각되지 않았다는 점이다. 둘째, 많은 사람은 형법에 저촉된 청소년 범죄자들이 처벌을 받는 것과 상관없이 일반적으로 유죄로 밝혀진 사람이 파멸의 길로 가는 것을 꺼린다는 점이다.

범죄 전문가들이 흔히 통계를 불신하는 데는 다른 많은 이유, 아마 더 실질적인 이유가 있다. 그러나 인용과 상식에 따라 제시된 것들을 보면 당국이 발표한 통계자료에 근거하여 만족스러운 결론에 도달하기 어려운 점이 사실이다.

최근 판결 내용을 수록한 청서는 청소년 범죄의 증감에 관한 문제를 다루고 있다. 그러나 수치는 1893년부터만 이용할 수 있다. 이 질문에 답하기 위해서는 청소년 범죄자들이 전체 유죄판결을 받은 사람 수와 비교하여 어떤 비율을 나타내는지 확인할 필요가 있다. 이는 다음 표에 제시되어 있으며 21세 미만의 범죄자 비율이 거의 일정함을 알 수 있다.

□ 유죄판결을 받은 사람들의 총인원수에 대해 기소될 수 있는 범죄로 유죄판결을 받은 청소년 범죄자의 비율

연령	1893	1894	1895	1896	1897	1898
	백분율	백분율	백분율	백분율	백분율	백분율
12세 이하	4.6	4.9	4.6	5.6	5.6	5.6
12-16세 이하	15.0	15.2	13.4	14.5	14.0	14.5
16-21세 이하	21.2	22.0	21.8	19.7	19.5	20.2
21세 이하 전체	40.8	42.1	39.8	39.8	39.1	40.3

"결과는 대체로 청소년 범죄자의 수는 일반 범죄의 감소로 줄었으나 여전히 전체 범죄자들과 거의 비슷한 비율을 유지하고 있다."

앞서 지적했듯이 이 모든 것에는 오해의 소지가 있다. 유죄판결을 받은 사람의 수는 범죄의 증감과 아무런 관계가 없다. 전체 범죄자 수에 대한 청소년 범죄자의 비율은 즉결 심판소와 공공기관이 청소년들에게 보여주는 엄청난 양의 관대한 처분을 고려하여 전반적으로 청소년 범죄의 만연에 대해 사람들에게 그릇된 인상을 주는 것만 계산했기 때문이다.

외국의 범죄통계를 가져와 그곳에서 학교 교육이 21세 미만의 젊은이들이 범한 범죄의 비율을 급증시킨 점을 증명하기는 어렵지 않다.

통계자료에 따르면, 독일, 오스트리아, 프랑스, 러시아, 이탈리아, 네덜란드, 미국의 청소년 범죄는 지난 세기 반 동안 많이 증가했다. 그러나 법률, 상대적인 경찰 활동, 그리고 기타 우연한 사건들에서 일어난 변화를 철저히 조사하지 않고 이 수치에서 도출한 명확한 결론은 진실하지 않을 수 있다.

이런 문제들에는 결국 논리와 상식이 뒤바뀌는 일이 있다. 교육 시스템에도 불구하고 청소년 범죄자가 증가하는 점은 분명하다. 학교 출석과 관련된 부분이 상당히 빠졌으나 무단결석 생들이 균형을 깰 정도로 청소년 범죄자들이 증가한 것은 아니다. 그와는 반대로 학교에 다니지 않는 수많은 아이, 특히 농촌 지역에서 아이들을 고용하는 문제에 원인이 있다는 점을 기억해야 한다. 농촌 지역의 학교위원회 위원은 종종 아동노동으로

부터 가장 많은 이익을 빼먹는 사람들이다.

교도소의 교목으로서 탁월한 경험이 있는 호슬리^{J. W} Horsley 목사는 "교도소와 죄수^{Prisons and Prisoners}"라는 흥미로운 자신의 저서에서 다음과 같이 썼다. "탐욕은 범죄의 요소지만 교육이 손에 건네주는 도구는 탐욕의 범죄를 더욱 교활하게 준비하고 과거 세대보다 더 이른 나이에 범죄를 저지르게 한다. 이번 주에 나는 영국의 와이프 교회의 부랑아 보호소에 10명의 아이를 돌보도록 맡겼다. 막대사탕을 더 많이 살 우편 주문서를 작성하고 현금으로 정산했다. 특히 도덕교육과 종교교육이 적절히 동반되지 않는다면 지식의 배양은 선뿐 아니라 악을 불러오는 새로운 취향, 욕망, 야망을 만들어 낼 것이다. 풍부한 교훈을 제공하고, 완전한 의미에서 교육이 더욱 충만하게 하자. 그러나 그들이 생산해내는 선과 악의 능력이 동시에 발달하는 사실을 깨닫게 하자. 적어도 교육과 범죄는 공존할 수 없다고 상상하지 말자. 범죄는 다양하고 지혜의 날카로움으로 없어지지 않으며, 효과적으로 감소하지도 않는다."

그는 범죄와 관련된 알코올 중독에 대해서도 다음과 같이 말하고 있다. "정신 노동자는 아무런 희망이 없는 알코올 중독의 사례를 보여준다. 지력이 향상되면 뇌 활동이 활발해진다. 뇌가 피로할수록 자극제를 원하는 욕망이 더 과민해지고 알코올 습관에 더 신속히 굴복한다. 이런 습관은 어디에서나 아버지보다 "학교 교육"을 더 많이 받은 사람들 사이에서 볼 수 있는 단계이다. 호주는 다른 국가보다 알코올 소비량이 더 많다. 호주의 초등교육은 영국보다 더 보편적이지만 그곳의 범죄자는 인구 비율과 비교할 때 큰 폭으로 증가하고 있다. 수많은 범죄, 수많은 형태의 범죄 중에서 단순히 응축된 알코올이 범죄라는 주장은 분명히 진실이 아니다. 절대적으로나 상대적으로 이런 범죄의 종류를 증가시킨 사람들이 오직 비문해자 하나뿐이라는 주장도 분명히 사실이 아니다."

나는 대형 교도소에 소속된 교목들의 의견을 확인하는 데 애를 먹었다. 그들은 사실상 현재의 교육제도를 만장일치로 비난했다.

이런 경험이 있는 성직자 중 한 명은 다음과 같이 썼다. "요즘 만연하는 범죄 생산의 근원이라고 할 수 있는 자만심, 불만, 훈육과 권위에 대한 혐오감, 위험한 야망을 촉진하기는 쉽다…… 나는 이런 피상적인 교육은 자기기만과 자만심을 초래하여 젊은이들이 그것을 상상하도록 한다고 생각한다. 그 이유는 그들은 배운 것에 더하여 좋은 외모를 보여줄 수 있고, 어떤 종류의 약속도 성공으로 채울 자격이 있다고 생각하기 때문이다.

나도 역시 그렇게 생각한다면서 그는 말을 이어나갔다. "그것은 거짓 신분을 유지하기 위하여 도박과 투기를 하면서 정당함보다 더 높은 수준의 삶을 살기 위하여 부당한 수단을 이용하는 신분 상승의 욕망으로 이어진다. 나는 이런 일이 있었던 사실을 고백하면서 자신들의 머릿속을 채웠던 그런 그릇된 생각을 개탄하는 몰락한 사람들을 우연히 만났다. 이제 젊은이들은 그 아래 있는 명예롭고 유용한 일자리를 찾아야 한다. 일반적으로 더 나은 사회적 지위를 제공하는 그런 직업으로 급히 쏠리는 경향이 있다."

소년들에게 도덕적 상투어, 모든 평범한 사실, 이론 지식을 주입하는 효과를 맹신하는 통념의 뿌리가 너무 깊어서 많은 사람은 나쁜 결과를 교육의 탓으로 돌리려는 데 망설이는 경향이 있다. 그러나 나는 사실 자체가 스스로 증명하게 놔두자는 주장에 만족한다. 부적절한 교육, 거짓 교육, 또는 그것을 무엇으로 부르든지 그것이 대다수 범죄자를 끌어들이는 바로 그 계층 사이에서 널리 퍼진 불만이 직접적인 원인이라는 주장은 논쟁의 여지가 없다. 수많은 사람이 가장 흔한 직업에 적응하지 못하고 있는 데도 초등 지식의 나무에서 설익은 열매를 먹은 사람들의 품위에 적합하다고 생각하는 직업에는 과밀화 현상이 발생하고 있다.

분명히 부적절한 교육을 받은 사람들은 단순한 비문해자보다 잘못 행동할 가능성이 훨씬 크다. 범죄자의 대다수가 적어도 읽고 쓰는 법을 배웠다는 점은 확증된 사실이다. 두 명의 소년이 있다고 가정하자. 한 명은 학교에서 제공하는 사실을 조금 획득했고 암기를 통해 교리문답을 아주 완벽하게 배웠다. 다른 한 명은 단순히 육체노동에 필요한 약간의 상식을 적용하도록 촉진했다. 전자가 악의 길에 빠질 가능성이 더 크다고 지적하는 데 망설일 사람이 누가 있겠는가?

여기에 현대 교수 방법에 내재하는 최고의 어리석음이 있다. 세상의 모든 도덕적인 격언이라도 만약 소년이 자신의 출세에 부적당하다고 생각하면 정직하게 되도록 도울 수는 없을 것이다. 사람들에게는 도덕적인 교훈이 필요하지 않다. 그들은 인생 학교에서 모든 도덕성을 배운다. 소년과 소녀들이 이론적으로 도덕적인 사람이 되도록 가르치기는 불가능하다. 그것이 할 수 있는 모든 일은 1주일에 한 번씩 십계명을 어기느라 바쁜 가운데 성경을 인용하고 영국 국교의 39개 신조를 필사하게 하여 1등급의 위선자로 변화시키는 것이다.

만약 천성에 따라 적응하는 각 개인의 환경을 보존하기 위해 조금만 수고한다면 놀라울 정도의 엄청난 미덕이 세상에 저절로 쏟아져 나오게 될 것이다. 이런 삶은 조롱거리로 전락했다. 사람들은 천국을 마치 모든 사람이 자기가 가장 좋아하는 일을 자유롭게 할 수 있는 상태라고 말하며 마치 그 행복의 조건이 땅에서는 전혀 얻을 수 없는 것처럼 말한다.

이 지구상의 다양한 존재를 저주하는 그런 변칙이 존재하는 한, 범죄자는 계속 생산될 것이다. 우리가 이런 변칙이 국가의 젊은이들을 교육하는 거짓되고 비합리적인 교육 방법에 직·간접적으로 영향을 미치는 사실을 인정한다면, 우리는 또한 교육이 범죄자를 만들고 범죄 조장에 공헌하는 점을 인정해야 할 것이다.

제11장

정신쇠약

앞 장에서 우리 교육제도의 부도덕한 결과에 관해 신뢰할 만한 구체적인 증거가 없다는 점을 솔직히 시인했다. 연구자는 이용 가능한 통계의 증언보다는 철학적 추측의 논리에 의존해야 할 것이다. 이유는 상식은 일반적으로 거의 모든 것을 유의미하게 조작하는 수치보다 훨씬 더 진실한 증거이기 때문이다.

하지만 우리가 분별없이 적용하는 주입식 교육이 생산하는 신체적인 해악을 조사할 경우, 그 증거는 매우 견고한 기초 위에서 논의해야 한다. 정신 질환과 정신쇠약의 원인을 평생 연구한 한 탁월한 뇌 전문의가 있다. 그는 실제적인 경험을 바탕으로 현대사회의 주입식 교육 시스템이 어떻게 대규모의 신체적 질병을 발생시키는지 매우 상세하게 진술할 위치에 있는 권위자이다.

여기서 우리는 경쟁시험을 준비하기 위해 쟁여지는 엄청난 부담이 건강과 신체 쇠약을 초래하는 몇 가지 별개의 사례를 알게 될 것이다. 일부 사람들은 불행한 희생자가 과로로 인해 완전히 이성을 잃고 감금을 강요당하는 경우를 보았다. 하지만 문제에 관해 정확하고 광범위한 관점에서 일반화 할 수 있는 위치에 있는 사람은 정신 질환에 관한 특별한 연구를 한 의사뿐이다.

나는 매우 특별한 성격의 지식과 관찰 기회를 요구하는 문제에 접근하면서 공정한 판단을 내릴 자격이 있는 전문가의 의견 청취가 매우 중요한 점을 깨달았다. 나는 우리 나라에서 가장 위대한 뇌 전문가와 상담했다. 주입식 교육과 정신쇠약의 주제에 대해 내가 말하는 의견은 주로 그들이 나에게 시사한 귀중한 자료를 기초로 한 것이다.

먼저 건강한 아이의 사례를 접하고 최고 권위자로부터 이들이 과로의 영향으로 큰 신체적 손상을 입지 않는다는 점을 알게 되어 매우 만족했다. 그들의 사례에서 건강하고 활동적인 두뇌는 주입과정에서 건전한 저항을 하고, 두뇌에 강요했던 것들을 빨리 잊는다는 점을 발견했다. 물론 교육적인 관점에서 볼 때 이는 매우 비참한 일이다. 그러나 건강을 고려하는 한 그것은 상당한 위로가 될 수 있다.

즉, 현대식 교육 방법은 지능에 큰 영향을 미치지 않을 때만 오직 유익하며 효과적이라고 스스로 증명하는 순간 그것은 즉각적인 위험의 원천이 된다는 점을 명심해야 한다.

이런 사실로 미루어 본다면 어리석은 아이들은 건강한 아이들처럼 교육 시스템의 악영향으로부터 보호받는 것은 당연할 것이다. 실제로 어리석은 아이들은 그들의 우둔함 때문에 매우 건강한 아이라고 할 수 있다. 이런 사실에도 불구하고 어리석은 아이는 어떤 의미에서든 반드시 정신적 결함이 있다고 가정한다면 그것은 큰 잘못이다. 우둔한 남학생은 종종 나중에 눈부신 남자로 변신하여 이 사실을 증명한다. 그들의 우둔함을 중요하게 볼 점은 그들은 정신에 강요하는 교과를 수용하지 않는다는 사실이다. 린네가 식물학 연구에 열정이 있는 사실을 발견한 한 개화된 의사가 그에게 로마의 역사가이며 박물학자인 플리니우스를 읽을 것을 제안할 때까지 그는 라틴어를 전혀 몰랐다. 그는 철학자로부터 자연사에 대한 정확한 정보를 얻지 못했지만 라틴어에서 즉각 효과적인 진전을 나타냈다.

합리적 교육체계 아래서는 어리석은 아이와 같은 일이 있어서는 안 된다. 어쨌든지 학생에게서 어리석음이나 우둔함은 무엇인가? 그것은 단순히 소년의 능력이 미개발된 상태이며, 아무리 많은 사실을 주입하더라도 그의 능력을 개발할 수 없는 사실을 의미한다. 물론 모든 해악은 학교가 학생들의 능력을 발달시키려는 노력을 전혀 하지 않고 단순히 교육과정과 관습에 적응하도록 강요한다는 데 있다.

건강하거나 어리석은 아이의 뇌가 마주하는 위험은 과소발달이 아닌 과잉발달이다. 과잉교육의 악영향에서 가장 나쁜 의미에서 고통을 받는 것은 그들이 아니라 소위 영재 아이들이거나 특정 교육이 이루어지는 과정에서 지능이 매우 빠르고 과민하게 반응하는 아이들이다.

일반적으로 신경이 예민한 소년이나 소녀들이 가장 유망한 학생이 될 가능성이 있다. 배우려는 자연스러운 성향은 이유형의 아이들이 운동장보다 교실을 더 좋아하도록 유인한다. 교실에서 최상위에 올라서거나 시험에 합격하거나 장학금을 받기 위해서 열심히 노력하는 소년은 노는 것을 좋아하지 않기 때문에 신체적으로 가장 약한 소년이 되는 경우가 많다.

이들은 교사가 적당한 정도보다 더 열심히 공부하도록 가장 격려하고 싶은 바로 그 아이들이다. 아이들의 정신발달과정은 매우 빠르게 진행되기 때문에 외부에서 자극을 받을 필요가 없다. 그러나 불행히도 이는 학교 당국의 관심 사항이 아니다. 공개 경쟁시험에서 우수한 성적을 올려 학교를 홍보하는 학생을 배출하려는 열망은 교사가 항상 가장 똑똑하고 가장 앞선 소년들의 뇌 속에 사실을 주입할 수밖에 없게 만든다.

뇌는 압박에 견딜 수 있을 정도로 강하지 않기 때문에 과도한 공부를 하는 이런 유형의 소년이나 소녀에게는 위험이 따른다. 결과는 좋지 않으며, 극단적일 경우에는 최악의 상태에 직면하게 된다. 실제로 가장 정밀하고 가장 민감한 지능은 당연히 뇌에 과도하게 주입되는 치명적인 결과에 맨 먼저 굴복한다. 별로 훌륭하지 못한 2급 수준의 정신으로만 견뎌내는 중압감을 소유하고 현재 시스템 하에 생존하도록 장려되는 아이는 지적인 면에서 최적으로 볼 수 없다.

앞서 언급한 사실은 가난한 아이들을 징발한 초등학교보다 소년들을 학문적 수월성과 다양한 시험 준비에 집중하게 하는 더 높은 수준의 학교와 대학에 해당된다. 학교와 대학의 문제점은 의회와 신문에서 매우 광범위하게 논의되는 과정에서 특별한 야만성이 드러났기 때문에 나는 암시하는 수준에 그치고 여기서 그것을 더 이상으로 말하지 않을 것이다.

나는 학교에서 결식아동에게 강요하는 교육에 대해 말할 것이다.

교육의 과정에서 발생하는 총체적인 비인간적인 것 이외에도 몸에 적절한 영양공급을 받지 못하는 아이들에게 강요하는 의무교육이 지능을 떨어지게 하는 경향은 논박의 여지가 없다. 이 아이들이 고등학교에서 일상적인 주입과정을 겪게 되면 그들의 정신은 완전히 무너지고 말 것이다. 현재 실정으로는 비교적 유연한 초등학교의 교육 방법은 정신발달을 방해하는 경우보다 더 나쁜 영향은 미치지 않으며 완전한 정신 붕괴나 광기보다 아주 약간 더 좋은 편이다.

세계적으로 유명한 정신 전문가 중 한 명이 내 질문에 답하면서 다음과 같이 썼다. "비록 한 과목을 잘 가르치더라도 아이들이 생각하도록 가르치지 않고, 조금이라도 주입하는 학교교육 시스템이라면 그들의 정신쇠약에 결정적인 책임이 있다. 그러나 아마 주된 해악은 적절한 정신발달을 질식시키거나 교살하는 점일 것이다." 그는 결론적으로 우리 교육 시스템의 주요한 결함은 '미발달된 사고방식'이라고 말했다.

또 다른 저명한 의사는 정신병원에서 나에게 이런 편지를 썼다.

"우리는 장학금을 받기 위해 노력한 결과, 정신이 쇠약해진 몇 가지 사례를 조사했습니다. 역시 우리는 어려운 시험 준비를 하면서 정신이 쇠약해진 한두 명의 숙녀들의 사례도 살펴보았습니다. 나와 다른 의사들은 모두 학교가 청소년들에게 가하는 압박감의 증가에 반대할 수 있는 상당한 근거를 찾았습니다. 내 경험에 비추어 내가 다녔던 사립학교에서 모든 면에서 특별히 두드러져 최상위권을 차지했던 소년들이 이제 대부분 뒤처져서 매우 평범하게 된 반면 천천히 성숙한 많은 아이는 계속 전진하고 있는 것을 알고 있습니다. 이는 단지 관찰일 뿐이며 많은 예외가 있을 수 있지만 시간이 지날수록 완전히 확인할 수 있었습니다."

폭넓은 경험을 가진 저명한 인물들에게서 나온 이런 소중한 의견 표명에 더 추가할 사항은 없을 것이다. 그들은 과학지식이 없고 관찰 범위가 제한적일 수밖에 없는 문외한들보다 훨씬 더 뛰어난 판별력의 소유자들이다. 사실은 매우 설득력 있게 말한다. 뇌 전문가들이 계속 주입식 공부나 과다교육이 유발한 정신쇠약의 사례를 접하고 있다면 그런 폐해를 생산하는 시스템은 원칙과 상식 면에서 치명적인 결함이 있다는 점은 매우 명백하다고 보아야 할 것이다.

제12장

역사적 증거

교육의 문 앞에 놓인 수많은 악에 대한 철저한 조사가 끝났다. 이제 위인들의 빛나는 사례를 찾기 위한 역사로 돌아갈 것이다. 그들의 위대함은 학교 교육의 덕이 아니라 실제로 오늘날 소위 방임 교육에 큰 은혜를 입었다.

과거의 연대기에는 전혀 학교에 다니지 않았거나 교실에서 바보로 여겨졌음에도 불구하고 뛰어난 인물로 발전한 젊은 이들의 사례가 넘쳐난다. 실제로 학교에서 두각을 나타내는 데 실패했으나 후에 비범한 재능의 소유자로 유명하게 된 위인들의 사례를 들려주기보다 학교교육의 탁월성으로 인해 성공한 위인들의 사례를 들려주기가 훨씬 더 어려울 것이다.

나폴레옹 보나파르트Napoleon Bonaparte는 15살 때부터 5년 반 동안 생도로 지냈던 브라이언 사관학교를 떠났다. 사관학교의 장학관은 그에게 다음과 같은 증서를 주었다.

"엠. 드 보나파르트(나폴레옹), 1769년 8월 15일 출생, 키 4 피트 10인치 10라인, 4등급에 속함. 좋은 체격, 뛰어난 건강, 순종하는 바른 성격, 강직함, 감사하는 마음, 매우 규칙적인 행동, 수학 응용력이 탁월함. 그는 역사와 지리에 매우 능숙합니다. 그는 관상학이나 라틴어를 잘하지 못하며, 4등급을 받았습니다. 그는 훌륭한 선원이 될 것입니다. 그는 파리 사관학교에 진학할 자격이 있습니다."

이는 젊은 나폴레옹의 성취에 대한 낙관적인 서술이었다. 사실 그는 라틴어가 매우 뒤떨어졌기 때문에 학장 대리의 반대로 파리 사관학교에 진학하지 못했다. 그의 동창이며 전기 작가인 M. 드 부르엔M. de Bourrienne의 증언에 따르면, 그는 수학을 제외한 모든 과목에서 매우 좋지 않은 성적을 나타냈다. 그는 독특한 자연적 성향을 나타냈다.

브라이언 사관학교의 유일한 교수인 수학과 학과장은 나폴레옹에게 아무런 신경도 쓰지 않았다. 다른 사람들은 그가 언어, 문학, 학교의 교육과정을 구성하는 다양한 교과 공부에 어떤 관심도 보이지 않았기 때문에 바보라고 생각했다. 그리고 학자가 될 가능성이 없다고 생각했기 때문에 그들에게서 관심을 아예 끊었다.

M. 드 부르옌은 다음과 같이 기술했다. "하지만 그의 탁월한 지능은 드러나지는 않았을지라도 인식은 충분히 가능했다. 만약 대학 관리자들이 신임했던 수도사들이 그의 정신구조를 이해했다면, 더 많은 수학 교수를 채용했다면, 혹은 화학, 자연철학, 천문학 등의 연구를 자극했더라면, 나는 나폴레옹이 이런 천재성과 연구 정신으로 과학을 추구하여 더 진취적인 경력을 보여주었다고 확신한다. 이는 사실이지만, 인류에게는 그다지 유용하지 않았을 것이다. 불행하게도 수도사는 이 점을 인식하지 못했고, 좋은 교사에게 돈을 지불하기에는 너무 가난했다. … 그러므로 나폴레옹이 브라이언 사관학교에서 중요한 교육을 받았다고 자주 반복하는 주장은 사실이 아니다."

나폴레옹의 군사적 경향성은 브라이언 사관학교에 다니는 동안에 자연스럽게 드러났다. 한겨울 내내 폭설이 내려 그의 주요 취미였던 조용한 산책을 하지 못하게 되었다. 그러자 그는 동료들과 참호를 파고 눈으로 요새를 만드는 방책을 생각해냈다. 그는 이렇게 말했다. "자, 시작하자, 여러 방향으로 나눠서 포위 작전을 펼치자, 내가 공격 명령을 내리겠다." 그는 이 방법으로 모의 전쟁을 준비하여 2주 동안 큰 성공을 거두었다.

나폴레옹 보나파르트의 학교생활에 대한 간단한 스케치는 천재성의 발달은 학교 교육에서 아무런 빚을 진 적이 없는 점을 보여줄 의도로 제시했다. 실제로 우둔한 아이가 아니었더라도 그는 자기가 큰 관심이 있는 오직 한 가지를 제외한 다른 모든 교과에서 부진을 면치 못했을 것이다. 아마 라틴어만큼 수학에 관심이 없었다면 그는 심각한 바보라는 평판을 남기고 브라이언 사관학교를 떠났을 것이다.

그의 위대한 라이벌이었던 웰링턴Wellington의 학교 경력은 훨씬 더 초라하다. 시드니 스미스Sydney Smith의 형인 "보부스Bobus"와 싸움을 기록한 것 외에 그의 이력과 이튼 시절에 관한 어떤 자세한 내용도 후손들에게 남기지 않았다. 스마일스Smiles는 자신의 저서, "자조Self-Help"의 주석에서 그를 명청한 소년으로 암시하며 다음과 같이 말했다. "에든버러 리뷰Edinburgh Review(1859년 7월)의 한 작가는 공작의 재능은 활동적이고 실제적인 현장이 아니면 발달한 적이 없는 것 같다. 강하고 엄격한 어머니는 오랫동안 웰링턴은 '병사'일 뿐 뛰어난 점이라고는 조금도 찾아볼 수 없는 열등아로 생각했다고 말했다. 그는 이튼이나 프랑스 사관학교에서 두각을 나타낸 적이 없다." 오늘날과 같은 경쟁시험이라면 그는 분명히 육군에서 제외되었을 것이다.

영국이 인도의 지배권을 확립하는 데 크게 공헌한 클라이브 경Lord Clive은 교사의 관점에서 보았을 때 완전히 희망이 없는 청소년이었다. 그는 공부를 싫어했고 항상 장난만 쳤다. 그가 뭔가를 배우도록 유도하려는 헛된 희망으로 4개 학교에 연속해서 보내졌다. 그러나 한 가지 예외를 제외하고, 그를 맡았던 모든 교사는 그를 구제불능의 게으름뱅이라고 선언했다. 예외는 로스토크의 이튼 박사^{Dr. Eaton}였다. 그는 재능을 발휘할 기회가 생기면 클라이브가 훌륭한 일을 하게 될 것으로 예측했다.

클라이브 경은 드레이튼 시장에서 한 무리의 왈패를 조직하여 즐겼다. 그는 사과나 돈으로 벌금을 내지 않으면 가게의 창문을 부수겠다고 위협하면서 돌아다녔다. 한때 그는 교회의 첨탑 꼭대기에 올라가 물을 뿜어내는 돌 위에 앉아 마을 주민을 놀라게 했다.

가장 빈약한 교육을 받은 똑같은 유형 중 한 사람은 조지 워싱턴^{George Washington}이다. 그는 수학을 조금 배우고 일반 학교의 교육을 받은 것으로 그려졌지만 고대나 현대 언어의 어떤 것도 배우지 않았다.

모험심이 넘치는 크리스토퍼 콜럼버스^{Christopher Columbus}는 거의 학교 교육의 신세를 지지 않았다. 워싱턴 어빙^{Washington Irving}은 탐험가의 흥미로운 삶과 바다에 대한 저항할 수 없는 성향 …… 에서 "그는 곧 지리학 지식에 강한 열정을 나타냈다."라고 썼다. 그의 아버지는 아들의 성향을 알아보고 해양생활에 적합한 교육을 제공하려고 노력했다. 그는 콜럼

버스를 파비아 대학으로 보냈는데 그곳에서 기하학, 지리학, 천문학, 항법학 등의 교육을 받았다. 그는 파비아에 잠깐 있었기 때문에 필요한 과학의 기초를 충분히 배우지 못했다. 그것에 관해 그가 훗날 보여준 철저한 지식은 부지런한 자율학습과 방황하는 삶의 근심과 변화 속에서 틈틈이 연구한 결과인 점은 틀림없다.

자연적인 발달과 자기 문화의 장점과 관련하여 리빙스턴 박사Dr. Livingstone의 경력만큼 좋은 사례는 없다. 그는 10세의 소년 시절에 목화 공장에서 일하면서 주경야독으로 고전 작품 외에 과학 서적과 여행 서적을 연구했다.

"수고의 삶을 되돌아보면서Looking back now at that life of toil"에서 그는 이렇게 썼다. "나는 그것이 내 초기교육의 중요한 부분을 형성했다는 사실에 백번 감사한다. 가능하다면 나는 똑같이 낮은 방식으로 다시 인생을 시작하여 똑같이 힘든 훈련을 통과하고 싶다."

유명한 성직자, 학자이며 박애주의자인 아담 클라크Adam Clarke 박사는 젊은 시절에 바보의 표본이었다. 참을성 없는 교사가 그의 머릿속에 알파벳의 요소들을 쟁여 넣는 수업방식은 지나치게 어려웠다. 아마 훗날 그는 그런 수업방식은 "선천적인 바보가 아닌 많은 아이가 교사 밑에서 바보가 되었다."라는 말을 남기게 했을 것이다.

클라크 박사는 릴리의 라틴 문법^{Latin Licrammar}에서 그가 "라틴어 현재의 As^{As praesenti}"의 중간에 도달했을 때, 막다른 골목에 부딪혀 그 이상 나갈 수 없었다. 그러나 그는 동료 학생들에게서 조롱을 받으면서도 계속 전진하여 어려움을 극복할 것을 결심했다. 이 결심은 자신에게 문법을 강요하는 대신 스스로 생각하고 연구하는 계기가 되었기 때문에 상당한 도움이 되었다.

그렇게 노력했는데도 불구하고 그는 항상 학교에서 배우는 모든 것에 큰 어려움을 겪었다. 그러나 "잭 자이언트 킬러", "아라비안나이트", "순례자의 진보", "프란시스 드레이크 경", 등 상상력이 풍부한 책과 모험담을 열심히 읽었다. 사실 이는 그가 고통스럽게 취득한 학교 교육이 아니라, 문학적 자질이 형성된 결과였다.

정치가이며 작가인 디즈레일리^{Disraeli}의 교육은 결코 철저하지 못했다. 그가 학업 면에서 작은 정도라도 두각을 나타냈다는 기록은 거의 없다. 그와 반대로 그는 "ut"는 가정법에 따라야 한다는 규칙을 이해할 수 없을 정도로 고전에 형편없었다. 그의 동료 중 한 명이 기억하는 디즈레일리의 학창 시절은 다음과 같다. 이것은 윌리엄 프레이저 경^{William Fraser}에서 인용했다.

"나는 벤저민 디즈레일리가 학창 시절에 고전연구에 특별한 열정이 있었다고 말하기 어렵습니다. 나는 그가 월섬스토의 코간^{Cogan} 학교를 떠났을 때 이 방면에서 이룩한 성취가 리비와 쎄사르에서 늘 하던 것보다 더 향상되었는지 의심스럽습니다. 그러나 나는 그가 한 학교 신문의 편집자 겸 편집장이었다는 사실은 생생하게 기억합니다. 신문은 토요일에 발행했으며 역시 생강빵 장사가 나타났던 시기였습니다. 생강빵 한 개 정도의 가격이면 신문을 읽을 수 있었습니다. 그 돈 가치는 그 당시 1페니의 3분의 1에 해당했습니다."

문학인들로 돌아가 보자. 우리는 바보들의 멋진 행렬을 발견할 수 있다. 나는 제한된 수의 위인들 이외에 더 많은 사람의 학교생활을 조사할 만한 시간적 여유가 없다. 조사를 더 진행하기를 바라는 독자가 있다면, 그는 틀림없이 학교나 대학에서 이름을 날렸던 유명한 문필가들은 거의 없는 사실을 발견하게 될 것이다.

올리버 골드 스미스^{Oliver Goldsmith}에게 문자를 가르쳤던 첫 번째 인물은 여성이었다. 그녀는 이후 엘리자베스 델랩^{Elizabeth Delap}으로 부르는 여교사가 되었다. 그녀는 어린 학생들에게 아첨하지 않았다. "이처럼 둔한 녀석은 처음이야. 바보 멍청이가 분명해."라는 말을 하지 않았다. 올리버는 이처럼 친절하면서도 공평한 교사를 떠나 마을 학교로 끌려갔다. 그는 그곳에서 아무것도 배우지 않았다. 그 후 엘핀으로 보내졌다. 스트레이언Strean 박사는 당시 학교생활에 대해 다음과 같이 말했다. "교과에 대해 가끔 이야기를 나눴던 사람들과 학교 동료들은 그를 바보보다 조금 나은 돌머리로 간주했다. 모든 사람은 그를 비웃었다."

골드 스미스는 "연성 학습의 현주소에 관한 질문"에서 학업성취의 가치에 대해 놀라운 인상을 남겼다. 그는 다음과 같이 썼다. "젊은 시절에 열정이 강하지 못한 젊은이가 자기 성향에 따르지 않고 가정교사가 4~5년간의 계획을 세워 그를 과학의 길로 잘못 지도했다면 그는 아마 대학이 제공하는 모든 이점과 영예를 얻게 될 것이다. 이전에 사용한 비유법이 생각나지 않지만 나는 젊은 시절을 감정에 따르지 않고 그렇게 조심스럽고 평온한 가운데 보낸 사람을 발효하지 않고 계속 탁한 상태를 유지하는 술과 비교할 것이다. 열정은 젊은 가슴 속에서 소용돌이를 일으키지만 그것은 오직 새롭게 다듬기 위한 소동일 뿐이다. 하지만 이 비열한 재능은 종종 대학에서 안락한 생활로 보상받는다."

가정교사에 따르면, 유명한 더블린 학자인 리처드 세리단 Richard Sheridan은 또 다른 "불가해한 바보"였다. 세리단은 가정교사를 떠나 해로우로 보내졌으며, 그곳에서 나태함으로 위대한 명성을 얻었다. 하위직 교수 중 한 사람인 파르^{Parr} 박사는 세리단의 전기 작가에게 다음과 같이 말했다.

"그의 소년 시절에는 전달할 만한 것이 거의 없습니다. 그는 학교에서 일반적인 업무 처리에서 동료보다 능력이 크게 떨어졌습니다. 나는 그가 라틴어나 영어 작문, 산문이나 운문에서 ..... 뛰어난 사례를 전혀 기억할 수 없었습니다. 그는 제5학년$^{the \ fifth \ form}$, 즉 중등학교를 수료한 학생들이 대학 진학을 위해서 A−level 수험 준비를 하는 집중 코스를 맡아서 가르쳤습니다. 그러나 결코 제6학년$^{the \ sixth \ form}$을 가르친 적이 없습니다. 내 기억에 실수가 없다면 해로우에서는 그리스 연극을 가르쳤고 적어도 매년 그것을 가르치는 관습이 있었습니다. 세리단은 이처럼 어렵고 명예로운 학교 행사에 참여할 기회가 전혀 없었습니다. 그는 한동안 호레이스와 비질과 호머를 잘 가르쳤습니다. 그러나 상급 교사인 섬너^{Sumner} 박사가 자리를 비웠을 때, 한때 나로서는 두 개의 상급반을 가르칠 길이 없어서 하는 수 없이 세리단을 불러들였습니다. 나는 그가 해석도 서투를 뿐 아니라 그리스 문법에서도 치명적인 결함이 있는 것을 알았습니다. 나는 당신에게 소년 시절의 리처드는 위대한 영시의 독서광이었으나 그의 연습은 그의 숙련도를 증명하지 못했다고 말할 수밖에 없습니다."

전기 작가의 말은 세리단과 같은 영국 문학계의 거장이 증명했는데도 불구하고 그의 위대한 재능을 적절히 발달시키는 데 실패한 교수 방법에 대해 시사하는 점이 많다. 숙련도가 거의 보이지 않는 연습은 의심 없이 기질에 반하여 강제적으로 실행되었다. 그리하여 제정신인 남학생들에게서는 찾을 수 없는 시시콜콜 따지는 그런 인성, 즉 그들의 가장 사소한 관심까지 하나하나 따지는 학자인 체하는 얼치기 지식인의 인성을 만든다.

던 스위프트Dean Swift와 월터 스콧 경Walter Scott Sir은 모두 바보 소년이었다. 스위프트는 자신에 대해 "둔함과 부족함이 끝났다."라고 했다. 스콧은 자서전 스케치에서 자신이 정말 학교에서 계속 바보로 있었다고 생각하지 않았다. 하지만 수업 시간에 뛰어나지 않았다면, 그는 분명히 다른 방면에서 뛰어나서 스스로 생각하는 것이 있었을 것이다. 소년인 스콧은 설교 중에 항상 교회에서 졸곤 했다. 그러나 나중에 설교에 관한 질문을 받았을 때, 일반적으로 목사가 여러 차례 말한 대부분의 핵심 줄거리를 설명할 수 있었다는 이야기 속에는 이와 관련한 훌륭한 사례가 담겨 있다. 물론 성경을 보면 그는 영감을 받아 꼬리에 꼬리를 물고 이어지는 생각을 따라갈 수 있었다. 스콧의 업적을 요약하면서 한 전기 작가는 그는 모든 분야의 지식을 자신의 천재성을 발휘하여 "스스로 배웠다."라는 의견을 냈다.

번스Burns도 칼라일Carlyle도 학자는 아니었다. 번스는 문법, 읽기, 쓰기의 기초교육을 받았다. 그는 프랑스어를 조금 배웠으나 라틴어는 전혀 배우지 않았다. 그가 무엇을 알고 있든지 자기만의 책을 선택하고 스스로의 관심에만 몰입하여 자기 취향에 맞는 지식을 추구함으로써 덕을 보았다. 칼라일은 다른 많은 유명 문학자들처럼 라틴어도 거의 몰랐고 그리스어도 부족했다. "고전 분야"에서 그는 "나는 정말로 아무것도 아니다."라고 썼다. 수학에서 그는 어느 정도 능력을 보여주었지만, 그 분야조차 어떤 상도 받지 못했다. 전통 교육에 대한 자신의 견해는 그의 감탄사에서 매우 간결하게 표현된다. '아카데미아! 고등학교 교사들! 아, 그대들 할 말 없어!'

시인 워즈워드Wordsworth는 호크스헤드의 문법학교에서 교육을 받았다. 그는 항상 호크스헤드의 위대한 장점은 학생들의 자유라고 말했다. 주입하거나 모범생을 만들려는 시도는 없었다. 그들은 일정한 한계 내에서 실제로 자신들이 좋아하는 것, 바로 그것을 읽을 수 있었다. 워즈워드는 모든 면에서 이런 방식의 자유교육을 받았다. 케임브리지에 진학했을 때 "그는 호크스헤드의 태만한 교사들에게 얻을 수 있었던 이점보다 훨씬 더 철저히 즐겼다."

시인은 학문훈련을 철저히 경멸했고 일반적인 케임브리지

과정을 거부했다. 그는 마침내 명예가 없는 학사학위를 받았으며, 이후 유명한 시구에서 학문의 특성에 무관심을 나타냈다.

루소Jean-Jacques Rousseau는 더 거친 표현을 사용하여 일상적인 교육 방법을 조롱했다. 그는 사촌들과 자신의 학교생활에 대한 저서 "참회록"에서 다음과 같이 말했다. "우리는 보시로 함께 보내졌다. 개신교 목사 람베르시어Lambercier 댁에서 하숙하며 교육의 이름에 포함된 비참한 쓰레기, 라틴어를 배웠다. M. 람베르시어는 우리 교육에 소홀하지 않았고 결코 지나친 과제를 강요한 적이 없는 지적인 사람이었다. 나는 제재를 싫어하지만 수업 시간에 느꼈던 어떤 혐오감도 기억할 수 없다. 나는 그에게서 많은 것은 배우지 않았을지라도 배워야 할 것을 큰 어려움 없이 배웠고 결코 그것을 잊지 않았다. 이런 것들은 그의 교수체계가 훌륭했다는 충분한 증거다."

과학사에 관한 한, 대부분의 발견은 자기 교육으로 배운 사람들에게서 유래한 경우가 많다. 과학지식을 추구하는 것보다 독창적이며 독자적으로 사고하는 능력이 더 중요한 직업은 없다. 어떤 다른 직업보다 학교 교육이나 학교 수업에 아무런 신세도 지지 않은 사례는 유명한 과학자들 사이에서 더 많이 발견된다.

이와 관련하여 이미 유명한 식물학자 린네에 대해 언급했다. 린네의 전반적인 학교생활은 일반적인 교육 방법에 대한 끊임없는 저항이었으며 자신의 천성으로부터 정신을 억지로 빼앗기지 않기 위해 분투하는 과정이었다. 린네는 형이상학, 라틴어, 그리스어, 물리학, 수학을 제외한 모든 과목을 싫어했다. 그는 수학에서는 항상 단연 동료들을 앞섰다. 그러나 학교 당국이 린네의 아버지에게 린네는 학문교육에 적합하지 않다고 통보하고 몇 가지 수작업을 권유할 때까지 최선을 다해 열심히 연구했다. 그러므로 가장 재능 있는 과학자 중 한 사람에게서 가장 소중한 12년의 삶은 학교 교육의 밖에서 성취한 것을 빼고 나면 아무런 목적도 없이 낭비되었다. 린네는 자신의 교사 중 한 사람을 가리켜 청소년의 재능을 향상하기보다 죽이는 계산을 더 잘하는 "열정적이고 무자비한 사람"이라고 말했는데 이는 놀랄 일이 아니다.

가장 위대한 해부학자 중 한 사람인 존 헌터^{John Hunter} 박사는 생후 20년 동안 전혀 교육을 받지 못했다. 스마일스는 "그는 읽고 쓰는 능력의 습득이 어려웠다."라고 말했다. 원래 목수였던 그는 런던에서 외과 의사로 성공한 동생의 조수가 되었다. 그는 해부실에서 해부학의 지식을 모두 습득했다. 그가 배운 것은 모두 자신의 부지런한 노력과 사물에 대해 스스로 생각하는 습관이 준 덕분이었다.

스마일스는 뛰어난 험프리 데이비^{Humphry Davy} 경은 다른 소년들보다 더 똑똑한 소년은 아니었다고 말했다. 그의 교사인

카듀^{Cardew} 박사는 한때 "나는 데비와 함께 지내는 동안 뛰어난 능력을 알지 못했다."라고 말했다. 실제로 데비는 인생의 훗날 자기가 "학교에서 마음대로 게으름을 즐긴 것"을 행운으로 생각했다.

뉴턴 경^{Sir Isaac Newton}은 항상 반에서 꼴찌였다. 이미 다른 것에 정신이 팔려있던 소년에게 갑자기 지적인 충격이 머릿속을 강타한 후 곧 달라졌다. 데이비드 브루스터 경^{Sir David Brewster}은 자서전에서 "뉴턴의 게으름은 그가 매우 깊은 관심이 있는 주제에만 정신을 파는 데서 비롯했을 가능성이 있다."라고 주장했다. 소년들의 소원이나 재능과 관계없이 고정된 작은 구멍으로 모든 소년을 몰아넣는 교육 시스템의 불법성을 신랄히 고발하는 사람은 아무도 없었다. 뉴턴은 중력의 원리를 어떻게 발견했는지에 관한 질문에 답하면서 "항상 그것만 생각했다."라고 말했다.

소년 시절 와트^{James Watt}가 증기의 압축에 대한 조사에 몰입하고 있을 때, 그와 함께 차 탁자에 앉아있던 이모가 소리쳤다.

"제임스, 어휴, 나는 그런 멍청한 아이를 본 적이 없어! 책을 읽든지, 너 자신을 유용하게 쓰도록 해. 너는 30분 전부터 말 한마디도 하지 않고 주전자 뚜껑을 열고 다시 닫고, 컵을 들고, 증기 위에 은수저를 올려놓고 주둥이에서 어떻게 올라오는지 지켜보며 물방울을 세고 있잖니."

대개 어른은 이런 동정적인 방법으로 아이들이 생각하도록 촉진한다. 와트의 능력은 전적으로 집에서 계발되었다. 그는 스코틀랜드의 공립 초등학교에 다녔다. 그러나 과학적인 면에서는 좋았으나 너무 허약한 나머지 거의 몸이 불편해서 항상 결석했다. 착색한 분필 조각으로 난로 위의 선과 원을 그리는 소년을 발견한 한 방문객이 자기 아들이 집에서 빈둥거리도록 방치한 제임스 와트의 아버지에게 언짢은 말을 한 적이 있었다. 그러나 와트는 훌륭한 아버지를 둔 행운을 누렸다. 아버지는 자기 능력을 축적하는 한, 소년을 격려했다.

자기 방식에 따르도록 맡겨진 와트는 당대 최고의 엔지니어가 되기 위해 노력하면서 다방면으로 재능을 키워갔다. 월터 스콧Walter Scott 경은 와트에 대해 "모든 교과에서 그의 재능과 상상이 넘쳐났다."라고 말했다. 프랑스의 과학자 M. 아라고M. Arago는 자신의 비망록에서 와트는 뛰어난 기억력에도 불구하고 일반적인 학교의 젊은 영재들 사이에서 특별한 두각을 나타내지 못했다는 의견을 말했다. 그는 자신의 관심거리에 나타난 지적 요소를 신중하게 정교화 할 필요성을 경험했기 때문에 결코 앵무새처럼 교과를 배우지 않았다. 자연은 특별하게도 그에게 명상능력을 주었다.

이는 종래의 주입식 과정이 와트의 훌륭한 지적 능력을 파괴했을 가능성을 우회적으로 표현했을 뿐이다. 하지만 만약 와트의 경우가 그랬다면, 왜 다른 사람에는 그렇지 않겠는가? 탁월한 천재성을 소유한 와트, 뉴턴, 그리고 다른 사람들과 같은 사례에서 교육 문제를 조명하려고 한다면 이상한 일일 것이다. 사람들은 그 안의 진실 중 절반만 알 뿐이다. 그들은 보통 주입식과 같은 방법으로 정신을 개발할 수 없는 것은 오직 이런 예외적 경우에만 해당한다고 생각한다.

그런 터무니없는 추론의 근거는 무엇인가? 정신조직능력은 개인에 따라 크게 다른 점이 사실이다. 하지만 어떤 사람의 지적 섬유질이 다른 사람보다 더 정교하다는 말은 아니다.

차이점은 마음이 아닌 몸에 있다. 더 민감하고 약한 소년보다 학교 교육의 긴장감과 부담감을 잘 견딜 수 있는 소년은 건강하기 때문이지 그의 지적 섬유질이 열등하기 때문이 아니다.

사람들은 실제로 경험을 통하여 모든 정신은 민감하다는 사실을 알 때까지 천재나 재능은 매우 희귀하고 항상 학교에서만 잘하면 천재가 될 수 있다고 믿으면서 탁월한 능력을 계속 무식하게 파괴해 갈 것이다.

하지만 내가 보여주려고 했던 것처럼, 역사적 증거는 결정적으로 그 반대가 사실이라는 점을 지적한다.

후세에 전해진 위대한 이름은 세상이 낳은 모든 천재를 대표한다고 생각하는가?

터무니없는 생각이다.

교육 시스템은 당연히 생존해야 할 모든 천재와 재능있는 사람들을 수없이 죽였다.

만약 로스만Rothmann 박사가 아니었다면 아마 식물분류체계에 혁명을 일으킬 린네는 없었을 것이다. 폭압적인 부모들과 학교 교사들이 와트와 뉴턴에게 라틴어 문법과 그리스어의 어근을 철저히 주입하기 위해서 역학과 과학적 연구를 포기하도록 강요했다면, 오늘날 우리에게 증기엔진이나 중력 법칙의 이론은 없었을지 모른다. 나폴레옹과 웰링턴의 천재성조차도 현대 경쟁시험의 후원 아래서는 맥없이 무너졌을 것이다.

만약 그들의 어리석음과 게으름이 고전이나 수학에서 상을 받기 위해 학교 교육을 강요하는 시험에 굴복했더라면, 어리석은 올리버 골드스미스가 그의 불멸의 '웨이크필드의 목사Vicar of Wakefield'와 '지는 게 이기는 거다She Stoops to Conquer'를 썼겠는가? 아니면 셰리던이 후세의 작가가 접근하지 못한 절묘한 코미디를 썼겠는가?

분명히 역사적 증거는 오직 한 가지 결론만 제시한다. 즉, 세상의 모든 천재는 도둑질한 시간의 틈을 이용하여 스스로 능력을 발달시키고 어리석음과 게으름을 통하여 학교 교육을 절묘하게 피하지 않고서는 절망적인 교육 방법의 무능함에서 살아남을 수 없었다.

제13장

주입식 교육의 숭배

우 리는 교육 시스템이 세계로 확산하도록 촉진하는 목적을 광범위하게 조사할 시점에 이르렀다. 이런 교육 방법에는 확실한 목적이 있는가? 아니면 학자들이 일괄적으로 만든 결과물이 유일한 목적인가?

이런 중요한 질문은 신중한 대답을 요구한다. 이 질문과 관련하여 이 나라의 교육기관이 추구하는 유일한 목적은 적어도 현재까지는 특정 지적 유형의 학생을 생산하는 것이 틀림없다. 앞 장에서 살펴본 것처럼 이 과정에서 나타난 결과는 희생자들에게 미친 영향이 매우 비참함을 보여주었다. 실제로 사회악과 직·간접적으로 관련된 근원을 찾을 수 있다.

하지만 지금껏 국가 교육기관의 배후에 숨어 확실한 목적을 관철하려고 노력하는 주도적인 세력은 없었다.

최근 가장 낮은 단계에서부터 가장 높은 단계에 이르는 모든 교육의 정비과정에서 전반적으로 국가가 주도하는 단일 기관이 필요하다는 분위기가 조성되기 시작했다. 이 위험성은 다른 국가의 시스템이 이미 경험한 영향력을 조사하면 이해할 수 있다.

이와 관련하여 독일은 가장 좋은 사례를 제공한다. 독일은 교육 문제에 간섭할 수 있는 국가체제를 완벽하게 갖추었다. 독일 전역의 청소년 교육과 관련된 모든 면에서 정부는 절대적인 통제권을 행사한다. 프로이센 왕국에서 이 통제권은 매우 독재적이어서 황제는 제조업체가 어떤 상품을 시장에 내놓을지 논의하는 것처럼 이런저런 교육상품의 생산에 공공연하게 관여한다.

교육 문제에서 최고의 권위를 갖게 된 프로이센 정부는 정치적 의도를 전혀 숨기지 않는다. 윌리엄 2세 황제는 왕위에 오르자마자 프로이센 정부의 첫 번째 포고령으로 정치적 목적을 위해 국가가 학교에 간섭할 것을 분명하게 선포했다.

그것은 칙령*으로 선포되었다. "오랫동안 짐은 사회주의와 공산주의 사상의 확산을 막기 위한 목적으로 학교를 유용하게 운영하는 방법에 집중해 왔다 …… 근대사에서 현재까지 교육과정에 역사를 현재 이상으로 더 많이 소개해야 하며 학생들

---

* 프러시아 교육과 관련된 이 자료는 마이클 M. 새들러(Michael M. Sadler) 씨가 교육위원회에 제출한 특별 보고서인 "프러시아 중등학생의 문제"의 도움을 받았다.

에게 국가 권력이 각 개인의 가족, 자유, 권리를 보호해줄 수 있는 점을 보여주어야 한다."

뒤이어 실제 사실을 특별히 강조하여 "안전한 군주의 통치 아래 잘 정비된 헌법이 시민과 노동자 모두에게 각 개인의 보호와 복지에 필수 불가결한 조건이라는 점을 젊은이들에게 분명히 밝혀야 한다. 사회 민주주의의 교리는 사실상 실현 불가능하다. 만약 그것을 실행한다면 각 개인의 자유는 물론 심지어 전 가족들은 견딜 수 없는 통제를 받게 될 것이다. 사회주의의 사상은 자신들의 저술을 젊은이의 감정과 분별력에 영향을 주는 방식으로 이용하고 있다."

이런 직접적인 국가통제의 위험성은 자명하다. 이는 모든 사상의 자유를 절대적으로 불가능하게 만든다. 기존 질서를 불편하게 할지라도 공동체의 전체 이익에 큰 가치가 있다는 이유를 들어 정치, 종교, 사회의 모든 관점은 자유 사상과 비판을 질식시킬 목적으로 교육과정에 체계적으로 통합시킨다.

이런 방식에 따라 국가 헌법의 결점에 영합하는 모든 사실과 환상을 국가의 젊은이에게 쟁여 넣는 방식은 국가와 정부의 몰락을 초래하는 방식과 전혀 다르지 않다. 그러므로 단순한 정치적 관점에서 반대자와 자유로운 비판을 억압하기 위해 이용하는 교육 통제는 무엇보다 국가에 가장 큰 재앙을 초래한다.

정부가 이 권력을 어디서나 자기보존의 목적으로 이용할

수 있는 한 역시 권력행사의 가능성은 항상 열려 있다. 거의 1세기 동안 프로이센 당국은 초등학교의 통제고삐를 더 바짝 거머쥐었다. 그들은 이제 국가간섭이론을 실천할 가능성을 최고 수위까지 높이는 데 성공했다. 알파벳의 기초에서부터 경제에 이르기까지 프로이센 교육과정의 모든 것은 정치적 목적을 위해 봉사한다는 의심을 충분히 받을 수 있다. 당국은 남학생들을 당대의 정치적 필요에 따라 국가위원회에서 징발하는 단순한 장기판의 졸로 취급한다.

몇 년 전부터 프로이센과 독일제국의 모든 관심은 세계 여러 나라와 무역 경쟁에 온통 집중되어 있었다. 유일한 목표는 아니더라도 교육의 주된 목적은 무역 경쟁의 성공에 필요한 특정 장치를 장착한 백분율 계산기를 대량으로 생산하는 데 있었다. 독일 당국은 전 국민을 협력하게 만들어 획일적으로 훈련된 노동자 단체로 조직하면 상업적 패권주의를 완전히 장악할 수 있다는 믿음에 사로잡혔다. 최근 몇 년간 모든 것은 이 계획에 따라 진행되었다.

이에 따른 무역의 성공은 악명이 높았다. 독일 제조업체들은 세계의 모든 지역에서 우위를 확보했다. 외무부의 영사 보고서는 한때 여러 지역에서 최고 수준이었던 영국 무역의 쇠퇴에 대한 비관적 경고와 독일 기업체의 급속한 발전을 보여주는 유의미한 통계로 가득했다.

하지만 독일은 지난 몇 년 동안 급속히 우리를 앞섰기 때문에 정당한 수단을 이용하여 목표를 달성했다고 말할 수 없다. 반대로 이 상업적 패권주의를 달성한 수단이 교육 시스템의 악 중 최악이라고 말한다면 독일은 결국 파멸의 위기에 이르게 될 하향길에 이미 들어서 있을 것이다.

바로 이 점이 정확한 사실이다. 주입식 교육은 독일을 고도의 기술 수준까지 끌어올리는 경지에 이르렀다. 그러나 그것은 끝났다. 나는 나 자신이 몇 년 동안 그런 과정에 매우 완전하고 효과적인 방식으로 당했기 때문에 고백한다. 말하자면, 교문을 나서자마자 즉시 주입된 모든 것을 잊어버리는 그런 바보 같은 방식으로 학생들에게 쟁여 넣어서는 안 된다. 원칙적으로 아무리 잘못된 것이라도 반복훈련은 양심상 거부할 수 없을 정도로 매우 철두철미하게 이루어진다. 다른 곳과 마찬가지로 이는 막자사발과 막자 시스템일 수 있다. 그러나 적어도 막자는 일관되게 적용되며 다음 성분이 들어오기 전에 각 성분은 완벽히 섞여져 있다.

그러므로 교육목적이 특정 유형이나 획일성을 지닌 상품을 생산하는 데 있다면 프로이센의 학교는 우리의 주입식 교육 기관보다 훨씬 앞설 수 있다. 이 경우 당연히 우리가 모방할 모델로 받아들여질 것이다.

하지만 우리는 자신에게 다음과 같은 질문을 던져야 한다.

국가가 투쟁할 수 있도록 준비시키기 위해 국가 교육 시스템의 필요성을 제시하는 것이 국제적인 상업 경쟁인가? 아니면 무역 경쟁을 조장할 조직적인 의도를 가지고 급속히 요동치는 무역전쟁의 상태를 인위적으로 조성하는 것이 국가 교육 시스템인가?

대답은 나에게 충분히 명백해 보인다.

전 세계가 획일화된 교육제도의 예속을 선택하면서 개인의 개성은 급속히 사라지고 있다. 러시아인, 독일인, 프랑스인이 서로 비슷한 것과 마찬가지로 어떤 영국인은 다른 영국인과 매우 비슷하다. 교육이 우리에게 남긴 유일한 개성이라면 그것은 국적이다. 그 이유는 다양한 국가들의 예절, 관습, 학교 제도가 어느 정도 각각 다르기 때문이다.

그러므로 개인과 개인이 맞서 싸우는 대신, 우리는 각 국가의 모든 역량과 자원을 다른 국가와 협력에 사용해야 할 시점에 다가서고 있다. 이는 단순히 자연적인 진화의 결과가 아니다. 독일은 놀라운 약삭빠름과 선견지명을 가지고 한두 세대 전부터 자신의 이익을 위한 계략을 세웠다. 독일은 이런 종류의 무역 경쟁을 위해 빈틈없이 준비하면서 반세기 동안 최고의 전성기를 보냈다.

하지만 무역업자의 승리를 위해 독일은 무엇을 희생하고 있는가?

독일이 의도적으로 그리고 체계적으로 모든 인간의 소유

물 중 가장 소중한 개인의 개성을 제거한 점은 의문의 여지가 없다. 1890년에 개최된 베를린 중등교육 회의에서 비르초 Virchow 박사는 다음과 같이 관측했다. "우리 학교에서 학생들의 인성함양에 진전이 있었다는 말씀을 드리지 못해 유감스럽습니다. 교수와 시험관으로 일했던 지난 40년간 나는 의사와 과학수사관 등 다양한 유형의 사람들과 접촉할 기회가 있었습니다. 나는 의지의 존재인 인간의 훈련에서 중요한 진보가 있었다고 주장할 수 없습니다. 이와 반대로 하향길에 들어 서 있는 우리 교육이 두렵습니다. '개성' 수가 점점 줄고 있습니다. 이는 학교생활에서 일어나는 사적이며 개별적인 소년들의 일이 줄어든 것과 관련이 있습니다. 학생들이 외부의 시련에 도전하는 방법을 배우고 자기 능력, 자기 본성, 자기 존재로 그런 난관에 맞서 싸워 극복하는 방법을 찾는 일은 독립적인 일을 통해서만 가능합니다."

이런 개성상실에 따른 필연적인 결과는 국가의 지적 붕괴나 적어도 절망적인 평범함의 상태인 퇴보로 가는 길이 틀림없을 것이다. 그러므로 독일이 다른 국가들을 서로 설득해서 비슷한 전략을 채택하여 이미 독일이 한 세대 먼저 출발한 비행기에서 그들과 만날 수 없다면 독일은 앞으로 절망적인 슬픔에 빠지게 될 것이다.

불행하게도 경쟁 상대의 국가를 이끄는 정치인들은 독일

의 맹목적인 선두를 따라잡기 위한 준비를 끝냈다는 징후가 여기저기서 현저해 보인다. 이 나라에서 독일인의 머리에서 독창성과 특성을 얻어낸 대가로 파운드, 실링, 펜스를 독일인의 주머니에 넣어주려는 어리석음을 저지르고 싶어 안달하는 사람들을 제지하는 것은 오직 국민들의 축복받은 무지다.

이 교육 자살은 독일제국과 같이 전제정치를 펼치는 국가에서는 큰 사회적 혼란 없이 발생한다는 점을 반드시 기억해야 한다. 정당제도가 확립된 영국에서 교육 문제에 대한 국가의 완전한 통제조치는 끔찍한 정치적 대혼란을 일으킬 것이다.

이런 프로이센 시스템을 영국에 이식한다면, 미래의 정당 투쟁은 교육 통제를 중심으로 일어날 것이다. 학교는 더 이상으로 청소년 교육 시설로 여겨지지 않을 것이다. 이는 단순히 미래의 유권자를 기르는 유치원쯤으로 생각될 것이다. 보수당 정부는 진보사상을 부당하게 억압하기 위해 계산된 모든 것들을 교육과정에 주입하는 반면, 급진적 정부는 기존의 모든 신념과 협약을 학교에서 제거하려 할 것이다.

이 반대편 진영에서 각각 생산된 모범생은 슬프게도 완전히 바닥으로 추락할 것이다. 그는 물고기도, 고기도, 닭도 아니다. 그를 교육하는 방법에는 끊임없는 난도질과 변화가 있을 것이다. 그런 방법에서는 어떤 이익도 얻지 못한다. 그래서 워즈워드가 교사들로부터 무시당한 사실을 매우 고맙게 여기게 될 것이다.

그러므로 독일판 게임에서 독일을 이긴다고 말하는 것은 어리석음의 극치이다. 그런 노력에서 얻은 결과는 아무것도 없으나, 더 나아가 국가의 파멸을 가져올 수 있다. 우리 정당제도 아래서 성공 가능성이 거의 없는 것은 분명한 사실이다. 항상 특정 목적을 향해 나가면서 점진적으로 획일화되는 국가간섭이 가능할지라도 독일식 방법은 일괄적인 주입방식을 매우 강하게 압박하는 대가를 치러야만 채택될 것이다. 그렇게 되면 이미 존재하고 있으나 앞 장에서 대강 기술한 사악함을 더 증가시킬 것이다.

제14장

치명적인 결함

인 류가 세계에 자초한 혼란은 이를 지켜본 사람이라면 누구도 거의 생각할 필요가 없는 자명한 진리이다. 동물과 식물 생활의 절묘한 질서와 대칭성에서 보면 문명이 인류의 대다수를 간신히 이끌어 가는 길에서 발생한 엄청난 혼란을 섭리의 탓으로 돌릴 일이 아니라는 것도 마찬가지로 자명한 사실이다.

우리는 현재 드러난 상태의 인간 문제에 책임이 있다. 비록 국가가 진보하는 동안 부인할 수 없는 위대한 일들을 성취했을지라도 많은 사람의 엄청난 실수에 비하면 뛰어난 개인들의 위대한 업적은 하찮게 보일 정도이다.

인류의 공정한 약속과 발전을 방해하기 위해 악이 미친 영향은 우리 모두에게 분명한 사실이다. 암흑시대부터 탁월한 장인들과 천재들의 위대한 역할이 빛났던 19세기의 눈부신 여명기까지 무섭게 질주하던 화려한 지적 진보의 행진이 갑자기 멈추었다. 지난 세대 동안 위대한 인물들이 세계무대의 여기저기서 고전을 면치 못하고 밀려나는 썰물과 씨름하고 있다. 그러나 평범함의 기이한 흐름이 바닷가 제방을 휩쓸었고 쏟아진 엄청난 양의 물은 그들의 획기적인 업적을 지워 버렸다.

인류가 교육 자체에 교육의 구속복을 강요하면서 삶의 중요한 문제를 준비하려고 노력할수록 개성, 천재성, 심지어 평범한 재능까지 더 빨리 사라지는 이 놀라운 사실에 모두 주목해야 한다. 모두가 그저그런 수준으로 추락하고 있다. 문명화된 단 한 사람을 지목하여 "모든 능력을 완전히 개발하여 타고난 재능이 최고 수준에 도달한 사람이다."라고 말하는 것은 거의 불가능하다. 개인에 대해 가장 좋게 말할 수 있는 것은 "당신이 케임브리지 남학생이나 문법학교 남학생의 허튼소리를 모두 제거해버리면 실제로 그가 나쁜 사람이 아닌 것을 알게된다."라는 사실이다.

우리는 스스로 우리 자신을 만든 것이 아니라 다른 사람들이 우리를 만들 수 있도록 선택당했다. 한때 인류의 보육원이었던 모든 것이 지금은 대부분 학교가 되었다. 일반적으로 가장 좋은 교육은 교실 밖에서 일어난다. 그러나 가정 분위기는 일반적으로 학교와 대학의 전통이 주입되는 점을 기억해야 한다.

그러므로 사회와 국민 생활을 매우 명백히 해치는 사악한 영향은 먼저 교육 시스템이 확립한 원칙에서 찾아야 한다.

　사람들이 근대교육의 원칙을 고집하는 무지한 근거를 밝히는 것은 매우 놀라운 일이 될 것이다. 먼저 그들은 자신들의 조상들이 그들 이전과 똑같은 방식으로 양육되었던 사실을 극복할 수 없다. 대부분 사람이 오랜 시간 동안 억제받지 않고 계속 유지되어온 관습을 의심하기란 거의 불가능하다.

　오랜 세월 동안 부동의 지위를 누렸던 관습의 소유권은 국가의 합법적 재산권으로 넘어가 신성성을 유도함으로써 아무도 그것에 간섭할 꿈조차 꾸지 못하게 만들었다. 그런 훈련이 어떤 폐해를 초래해도 모두 마음 편하게 신의 섭리 탓으로 돌린다. 소중히 간직해온 전통은 결코 의심받을 일이 없다. 이것이 바로 주목할 점이다. 사람들은 눈부신 안내서와 신문광고의 홍수에 빠져 자전거가 고무 타이어가 없던 옛날 자전거를 개량한 것이거나 공기 타이어가 철제 휠보다 거친 도로에서 더 편안함을 느낄 수 있다는 것을 이해한다. 그러나 그것은 그들이 도달하려는 이해 범위의 한계를 결정한다.

　사람들은 부유한 신디케이트의 자원을 거의 소비한 후에야 그것이 그들의 물질적 안락함에 미친 영향을 확실히 이해할 수 있게 된다. 하지만 사상의 진보나 도덕적 혁명의 모든 것은 전통을 통해서 걸러지기 전에 수천 배의 길고 복잡한 과정을 거쳐야 한다. 교육상품은 전통의 보따리라는 사실을 반드시 기억해야 한다. 상품이 적절하게 제조되고 제조자의 증명서와 생산국의 도장이 찍히게 되면, 진리가 걸러질 다른 장치는 없다. 그것은 아무것도 방해하지 않고 그냥 가라앉아 사라진다.

그러므로 다수에 관한 한 전통이란 확립된 교육의 원칙이 절대적으로 오류라는 점을 발견하지 못하게 방해하는 가장 큰 장애물이며 극복이 쉽지 않다. 이 원칙들이 문제가 되는 일은 결코 없다. 자신의 동료 피조물들이 그들과 더불어 먼 옛날부터 만족해 왔고, 과거 세대라면 누구나 알고 있던 이름이 학교와 대학에서 부지런히 반복되는 사실은 보통 사람들의 의심을 가리기에 충분하다.

가장 낮은 수준의 지성과 가장 소모적인 이런 구식 보수주의에서 겉치레의 수치심이 나온다. 이 수치심은 주입식 시스템이 일반 교육에 없어서는 안 된다고 밝힌 사실에 대해 무지함을 드러내다 들키게 될 때 대다수 사람들에게서 나타난다. 아마 모든 평범한 전통과 어리석음의 합산보다 모든 사람은 걸어 다니는 백과사전이 되어야 한다는 우스꽝스러운 가정 때문에 더 많은 진정한 문화의 싹이 잘려나갈 것이다.

최근에 친한 친구 중 매우 똑똑한 한 여성과 대화하는 과정에서 그녀는 윈체스터와 케임브리지가 같은 지역에 있다고 믿는 것을 알았다. 그러나 이런 지리 지식의 부족은 그녀의 지적 능력을 손상한다고 생각되지 않는다. 영국의 모든 도시를 정확히 찾을 수 있는 사람들이 많이 있지만, 실제 정신 능력에서는 케임브리지가 햄프셔에 있다고 생각한 여성보다 더 낮을 수 있다.

사람은 자신이 알아야 할 유용하고 편리한 것보다 더 많이 알아야 할 이유는 무엇인가? 국제 정치학을 전공하는 학생의 경우 동경과 북경의 지리적 차이에 대해 알고 있어야 한다. 하지만 도대체 이 지식은 멸종된 도도새의 보금자리나 과학적 퇴비의 적용에 관한 농업개선 연구에 인생의 전부를 걸고 있는 사람에게 무슨 소용이 있는가?

인생은 짧아서 우리는 지구상에서 우리에게 할당된 짧은 시간의 한계 내에서만 일정한 양의 사실을 획득할 수 있다. 생각이 짧은 몇 명의 얼치기 지식인이 무식쟁이라고 놀리는 조롱을 피하기 위해, 우리 뇌에 많은 사실을 채우면서 우리 인생의 최고 시절을 희생한다면 그것은 정말 말할 수 없이 어리석은 짓일 것이다. 세상이 낳은 수많은 위대한 천재들의 90%가 오늘날 필수 불가결한 지식에 심각할 정도로 무지했었다는 반성은 적어도 일부 위안이 될 것이다.

누구도 잘 교육받은 사람이라면 완전히 이해할 것으로 보이는 모든 책을 다 읽을 수는 없다. 그것의 10%를 읽는 것도 불가능하다. 그러나 대화 과정에서 언급되는 몇 가지 고전을 읽지 않은 사실을 솔직히 인정하지 않고 선수를 치면서 고의적인 거짓말을 하는 사람이 얼마나 많은가? 이것은 단순히 우리 문화가 자기 자신을 다른 사람의 생각으로 채워야 형성된다는 헛된 믿음 때문이다. 뇌가 자신의 사고와 독창성으로 가득 차 있지만 다른 사람들이 선택한 최고 수준의 수백 권의 책에서 수집한 수십만 가지의 전통적 사실을 소홀히 취급한 사람은 전통적인 유형의 얼치기 지식인들로부터 교육받지 못한 천박한 사람으로 조롱당할 것이다.

그러므로 대중의 조롱에 대한 터무니없는 테러가 불러일으킨 이런 겉치레의 수치심은 사람들을 교육의 끈에 꽁꽁 동여매고 판단을 왜곡하는 매우 치명적인 역할을 한다.

그러나 심각하게 고려해야 할 세 번째 요인도 있다. 이것은 정신훈련으로서 일반적인 교육 방법의 효과뿐만 아니라 그것의 불가피성에 대해서 사람들이 곧잘 속는 사실이다. 사람들은 실제로 모든 종류의 수학과 고전 체조를 통해 그렇게 하도록 훈련하지 않으면 누구도 생각할 수 없다고 믿게 되었다.

하지만 이 괴물 같은 생각이 나면 나는 설명할 수 있는 척하지 않고 단지 그 보편적 사실에 대해서만 말한다. 아마 보통 사람의 마음속에 이보다 더 깊게 밴 교리는 없을 것이다. 거기에는 어떤 논리나 의미도 없다. 하지만 대단한 유머 감각이 있는 누군가는 틀림없이 한때 대히트를 치고 사라졌을 것이다.

그는 어떤 짓궂은 장난꾼이 호기심이 강한 많은 사람이 모여들 때까지 런던 거리에서 의도적으로 멍하니 아무것도 바라보지 않다가 모든 사람이 같은 곳을 공허하게 보고 있을 때 조용히 도망치는 그런 식으로 사람들의 마음을 사로잡았을 것이다.

모든 교육사를 통해 볼 때, 소년이 불규칙 동사와 라틴어나 그리스어의 어형 변화를 활용하여 자신의 정신을 빠짐없이 훈련해야만 생각하는 방법을 배울 수 있다는 통념은 세상에서 가장 황당한 일이다. 이 기발하고 말도 안 되는 종류의 연습은 사고하는 뇌를 비우고 대량생산 시스템이 쟁여 넣는 사실을 받아들이는 공간을 마련하는 역할을 한다. 그러나 사람들은 뇌가 정상적인 기능을 수행하기 위해서는 모든 인간의 관심으로부터 가능한 멀리 떨어진 추상적인 교과의 훈련과정을 통과해야한다는 사실을 일반적으로 받아들인다. 바꾸어 말하면, 상식은 일상생활의 환경에 사고력을 자연스럽게 적용하는 것이 아니라 그리스어 어근과 대수공식의 산물이라는 것이다.

이 신앙의 교리에 대한 가망 없는 우매함은 대중의 마음속에 뿌리내린 깊이와 같다. 놀라운 사실은 그 계획은 오래전에 완전히 실패했으나 모든 사람에게 그것의 무용성을 확신시키지 못했다는 점이다. 그러나 그것은 곧 전통의 장난이며 매력이다. 아무리 많은 실제적인 증거를 제시해도 사람들은 누구도 전통을 의심하지 않을 것이다.

교육의 엄청난 결함은 이런 식으로 성장하여 거짓되고 불쾌한 원칙을 문명 세계의 곳곳에 전파할 수 있었다. 이런 그릇된 교리가 낳은 온갖 사악한 효과가 그들의 눈앞에 훤히 보는데도 사람들은 자신들을 둘러싸고 있는 사회악의 기원이 자신들과 선조들이 세우고 숭배했던 바로 그 금송아지에 있다는 사실을 이해할 수 없었던 것 같다.

심지어 교육 개혁자들도 스스로에게 속았던 것 같다. 그들 중에서 눈에 띄는 스링과 아놀드 등 많은 사람은 이런 폐단을 없애거나 결함을 교정하려고 노력했다. 그러나 악의 뿌리에 가까이 가서 전체 교육 시스템은 총체적인 오류의 원칙에 근거한다고 외치는 사람, 즉 교육 시스템은 진보를 촉진하고 사상을 창출하는 것이 아니라 진보를 질식시켜 인류 진화의 길에 극복할 수 없는 장애물을 설치하기 위해 설계된 것이라고 담대하게 주장하는 사람은 아무도 없었다.

세상은 기만을 묵인해 왔다. 그래서 엄청난 오류는 제멋대로 성장했다. 오류의 이끼가 그 끔찍한 비율로 우주를 덮은 것처럼 보일 때까지, 그리고 불행한 전통에 사로잡힌 인류의 시야를 가리는 모든 빛의 입자를 차단할 때까지 세상은 구르는 돌처럼 자손 대대로 쉬지 않고 이끼를 모았다.

제15장

진정한 교육

진 정한 교육 시스템은 존재하지 않는다. 우리가 보았듯이, 공인된 계획에 따라 중산층의 젊은이들에게 사실을 쟁여 넣어 제조를 목적으로 하는 수많은 제도가 존재한다. 이미 '공립 초등학교'라는 이름으로 전국에 전파된 잘 조직된 엉터리 교육 시스템이 있다. 그것은 근대 교육이 이룬 노력의 총합이다.

일반적인 의미로 사용할 때 "교육"이라는 용어는 신문지 크기의 포스트 옥타보 팸플릿 정도면 충분히 만족스럽고 적절하게 정의할 수 있다. 교육은 냄비 고리에서부터 삼각법에 이르기까지 수많은 것을 의미한다. 교육은 역사, 지리학, 물리학, 화학, 자연사, 광물학, 라틴어, 그리스어, 프랑스어, 산술, 대수학, 유클리드를 의미한다. 그리고 1파운드 안에 그렇게 많은 선함이 들어있는지 아는 것을 의미한다. 교육은 아이의 머릿속에서 모든 것을 털어내고 결코 기억할 수 없는 사실과 어디에도 사용할 수 없는 연대들로 구석구석에 채워 넣는 것을 의미한다. 교육은 영리한 아이의 정신적 조난을 위험에 빠뜨리고 더욱 바보로 만드는 것을 의미한다. 교육은 개인을 주형의 틀 속에 집어넣고 마네킹이 되도록 강권하는 것을 의미한다.

교육은 개인의 능력 개발을 의미하지 않는다. 실제로 교육은 무엇이며 그것이 무엇이 되어야 하는 것 사이에는 큰 차이가 있다. 만약 전국의 모든 학교와 대학이 내일 아침에 문을 닫게 된다면, 상당한 시간 내에 얼마간 부정적으로 보이나 실제적 이익negative good을 가져올 것이며 현재의 교수 방법이 끊임없이 생산하는 긍정적으로 보이나 실제적 해악positive harm을 확실히 제거할 것이다. 만약 개인의 능력을 발달시킬 노력을 하지 않는다면 자기 힘으로 발달하도록 내버려 두는 편이 더 나을 것이다. 하지만 교육의 가장 사악한 일은 자연이 결코 되기를 의도하지 않았던 젊은이로 제조하기 위해 그들의 잠재적인 선함을 대부분 파괴하여 국가의 대량생산 제품으로 취급하는 사실이다.

이는 교육이 아니라 거짓이다. 개발이 아니라 파괴다. 진정한 교육은 모든 사람에게 자연이 그들에게 부여한 능력을 개발하고 그 과정에서 자기를 드러내는 특별한 재능을 최고 수준까지 연마하도록 돕는 일이다. 무엇보다도 진정한 교육은 쓸모없는 지식을 저장하는 창고를 짓는 대신 사고와 반성을 목적으로 뇌를 활용하도록 촉진하는 일이다.

이 단순한 교육목표는 인류의 도달 범위 밖에 있다는 가정은 타당하지 않다. 그것을 삶의 실제적인 일상으로 도입하게 되면 엄청난 혁명이 일어날 것이라는 점은 누구도 부인할 수 없기 때문이다. 하지만 그런 이유를 들어 많은 다른 긴급한 개혁과 마찬가지로 그것은 그냥 불가능하다고 쉽게 무시해서는 안 된다.

개인 상식은 더 늘리고 국가간섭은 더 줄이는 일은 진정한 교육원리의 실행에서 가장 중요하다. 5세의 유연한 나이에 아이들에게 어떤 교육이든지 시작해야 한다는 악의적인 법률은, 즉시 법령집에서 삭제되어야 한다. 적어도 대도시의 가장 가난한 계층에 속한 어린아이들이 하루 중 일정 시간 동안 암담한 가정의 영향에서 벗어날 수 있는 어떤 조치를 마련해야 한다. 그렇다고 해서 그들을 초등학교의 일상에 따라서 피상적이며 부적절한 지식으로 가득 채워야 한다는 것은 아니다.

아이들은 사고할 공간을 원한다. 그들의 정신은 신체처럼 건강하게 성장해야 한다. 정신의 영양은 신체의 영양만큼 필요하다. 하지만 둘 모두에게 똑같은 방식을 적용하려는 생각은 허튼짓이다. 정신은 육체와 완전히 다른 방식으로 자양분을 공급해야 한다. 정신은 우유를 따뜻하게 데우거나 유아식을 준비하는 데 필요한 일보다 훨씬 더 많은 보살핌과 상식을 요구하는 섬세한 일이다.

아이의 마음은 무엇이든지 마음대로 써넣을 수 있는 빈 서판이 아니다. 그것은 유전과 개인의 경향성으로 아무도 모르는 사이에 쌓여간다. 부모의 역할은 이 섬세한 구조를 파괴하는 일이 없도록 유의하고 그것을 촉진하고 개발하기 위해서 자연적인 성향과 성격에 나타나는 새로운 변화를 주의 깊게 지켜보는 일이다.

실제 가르침이나 가르침의 모양을 띤 것이라면 어떤 것도 엄격히 피해야 한다. 사실적 지식은 독으로 간주하여 식별해가면서 조금씩 사용해야 한다. 어떤 사실이 아이디어를 알려줄 때마다 아이디어는 쫓겨난다. 이를 명심해야 한다. 지능에 대한 가장 간단한 사실적 지식의 작동은 상당히 복합적이다. 사실의 작동은 기억을 각인시키고 사고를 평범함으로 바꾸는 수단이다. 모든 사실은 상상의 통로를 차단한다.

예를 들어, 천사가 팔과 날개를 갖는 것은 생리적으로 불가능하다는 정보를 꼬마들에게 전달하는 사람이 있다고 가정해 보자. 이 천재적인 정보는 잠시 어린 시절에 가졌던 상상을 대부분 전멸시킬 것이다. 상상력에 회복 불가의 타격을 입힐 것이다. 사고 과정에서 속도가 빨라지게 되면 아이는 요정의 나라에 대한 모든 믿음과 상상력 발달의 원동력인 어린 뇌 속의 무수한 환상을 잃어버리게 될 것이다.

왜 100명 중 99명이 아동기 초기에 이 능력을 잃어버리는가? 그것은 단순히 사람들의 양육방식에서 중요하다고 여기는 사실을 끊임없이 주입하여 상상력이 풍부한 모든 생각을 끊임없이 제거하기 때문이다. "아이들이 그런 쓰레기를 믿지 못하게 하라."는 말은 자신이 어떤 환상도 견디지 못하고 오랫동안 "낭만과 모든 종류의 잡담"과 담을 쌓고 지낸 기계 같은 마음을 지닌 사람이 꾸준히 외치는 절규다.

어떤 대가를 치르더라도 아이의 상상력은 촉진하고 개발해야 한다. 상상력은 인간의 전체적인 정신기관에서 천재성이 가장 많이 숨어있고 가장 쉽게 영구적으로 파괴될 수 있는 능력이 매장된 풍부한 광맥이다. 성인들은 유치한 질문에 대한 무분별한 대답이나 탐구심을 관리하는 모욕은 종종 사고를 심하게 억제하는 점을 기억해야 한다. 부모의 주된 보살핌은 어린아이들의 상상력을 북돋는 것이어야 하며 특정 나이에 어디까지 발달할지는 어린아이들의 어리석은 행동과 환상적인 상상에 달려 있다. 보통 성인들은 이를 억압하기 좋아하는 점을 기억해야 한다.

신중함과 동정심을 발휘하게 되면 아이를 7~8세 정도까지 정신을 손상하거나 능력을 파괴하지 않고 온전히 양육할 수 있다. 이때부터 아이의 교육은 아이에게 맡겨야 한다. 아이의 교육은 머릿속에 정보를 쟁여 넣는 의미의 수업이나 불규칙 동사를 활용하고 최소 공배수를 찾는 것과 같은 정신 체조가 되어서는 안 된다.

교사와 학생의 위치는 사실상 정반대가 되어야 한다. 학생은 이끌고 교사는 따라가야 한다. 실제로 교사는 교수자가 아닌 조언자가 되어야 한다. 아이는 학습 내용이나 미술이나 공예를 선택할 수 있어야 하며 그것이 교육의 주요 목표가 되어야 한다. 멘토는 도덕적으로 안전한 거리에서 학습이나 연습 과정을 촉진하고 지원하는 역할을 해야 한다.

이렇게 되면 학생들은 가르침을 받지 않고 연구하게 될 것이다. 학습 과정은 완전히 제거되고, 서툴고 웅얼웅얼 떠들고 소란스러운 방식으로 지식을 획득할 것이다. 뇌를 영원한 의존 상태로 유지하는 학습 방법이 될 것이다.

사람들은 무지는 탐구할 가치가 있는 장려책이라는 점을 기억해야 한다. 어린아이들이 가능한 한 충분히 스스로 사물을 발견하도록 맡겨두어야 한다. 교육은 어둠 속에서 손으로 더듬거리며 앞으로 나아가는 사람을 닮아야 한다. 오직 충분한 빛은 각 개인에게 바람직하게 보이는 과정에 맡겨 놓아야 한다. 아이는 적어도 스스로 생각하는 방법을 그런 식으로 배울 것이다. 설령 이것보다 조금 더 성취했다고 하더라도 그것은 모든 반성과 직관력을 잃어버리는 대가로 많은 양의 사실을 획득하는 것보다 개인과 사회 전체에 수만 배 더 큰 가치가 있을 것이다.

내가 말하는 소위 정반대의 교육 방법의 예를 들어보자.

논의의 편의를 위해 소년의 교실 수업에서 이용할 수 있는 유일한 책은 "브래드쇼의 철도 가이드Bradshaw's Railway Guide"이며 우수하지만 어려운 내용이라고 가정하자. 현대 교사는 복잡한 수업계획서를 철저히 작성할 것이다. 책을 통한 문장의 어구 분석에 많은 시간을 사용하고 수치는 더하고 빼고 나눌 것이다. 그는 몇 가지 수학 문제를 깔끔하게 정리할 것이다. 만약 패딩턴에서 출발하는 11시 40분 급행열차가 한 시간에 50마일로 스윈던으로 달리다가 중간지점에서 고장이 나면, 12시 15분에 출발하는 노동자용 3등 열차는 몇 시에 급행열차를 따라잡을 수 있겠는가? 기타 등등. 하지만 가장 가치 있는 기차표 공부는 정차하는 역의 이름과 일등석 표의 가격 등을 암기하여 배우는 것이 될 것이다.

진정한 교육자는 훨씬 더 단순한 방식으로 수업을 시작한다. 그는 소년들에게 버밍엄에서 뉴캐슬까지 가는 좋은 기차를 찾아보라고 말한다. 각 소년은 자신의 방식으로 문제를 해결할 수 있으며, 성공적으로 마치면 과제는 사고능력을 발전시키는 데 많은 도움이 될 것이다.

실제 교육의 모든 시스템에서 교사가 학생이 관심있어 할 교과목을 지시하는 일은 불가능하다. 부모가 "나는 내 아들이 이러이러한 직업에 종사하게 할 생각이 있다."라고 말하는 것은 마찬가지로 불가능하다. 누구도 아이가 어떤 재능을 키워야 할지 미리 결정할 수 없다. 그것은 아이와 자연 사이에서 제3자가 간섭할 권리가 전혀 없는 사적인 문제이다.

현대교육은 모두 완전한 간섭으로 구성되어 있다. 처음에는 부모가 간섭하여 예술가가 될 소년을 은행가가 되도록 고집하고 장인이 될 소년을 군대로 보내고 정비사를 학자로 만들려고 애쓴다. 다음에는 교사의 간섭이 따른다. 그는 자기가 좋아하는 라틴어 구절, 2차 방정식의 비법을 알고 있다. 그는 자신이 접촉할 수 있는 모든 아이의 머릿속에 몇 가지 학술용어를 쟁여 넣는다. 끝으로 정부가 나선다. 정부는 그런 인생에서 가장 좋은 시절을 가증스러운 방법으로 주입하는데 헌신적으로 참여하지 않으면 아무도 육군, 해군, 공무원이 될 수 없다고 선언한다. 그가 고난으로 완전히 무너지든지, 또는 과정을 마친 뒤 몇 달 후에 그의 뇌를 할퀴었던 모든 것을 단순히 잊어버리든지 그 가능성은 반반이다.

아기가 세상에 태어나면 부모는 미래를 궁금해하고 추측하면서 인생의 첫해를 보낸다. 위대한 작가, 주교, 총장이 될 것인가? 누군가가 문을 쾅 닫을 때 입을 씰룩거리거나 피아노 위에서 악보를 연주하며 행복하게 까르륵거리는 소리를 낼 경우, 그들은 아이는 음악에 대한 천재성이 있다고 선언한다. 나중에 비뚤어진 얼굴, 비뚤어진 팔과 다리를 미숙한 수준으로 그리면서 그 자체를 즐길 경우, 그들은 자신들이 유아 코레지오 infant Correggio 화가를 낳았다고 속단한다.

왜 아이의 개성에 대한 이런 모든 열망은 지능이 동이 트기 시작하는 순간에 사라지는가? 그 이유는 부모는 즉각적으로 자기 자식에게서 모든 독창성을 털어내기 시작하여 이 목적을 달성하기 위한 거금의 지출을 아까워하지 않기 때문에 어쨌든 그렇게 된다고 가정해야 한다.

대학 총장이나 뮤지컬 학원의 금메달에 대한 꿈은 마술처럼 사라진다. 주교나 예술적 명성에 관한 이야기는 더 이상으로 나오지 않는다. 부모는 아이가 원하지 않은 직업에 적합하도록 억지로 맞추어 전통 직업에 정착하게 한다. 유아기 초기에 그들이 관찰하거나 관찰했다고 생각했던 특별한 능력이 발달하거나 발달할 수 있다는 생각은 당장 그때만 그들의 머릿속에 들어있을 뿐 결코 다시 나타나지 않는다.

어떤 아이들은 다른 아이들보다 늦게 발달한다. 그러나 적절한 격려와 보살핌이 있다면 아이는 각각 자신의 성향을 가르치지 않아도 그대로 따라갈 것이다. 아이는 실제 교육의 본질인 방법을 보아야 한다. 이는 현재 교육 시스템이 기초하는 원리의 완전한 대변혁을 동반한다.

이제 사람들이 실제 교육을 획득할 방법은 오직 한 가지뿐이다. 이는 다소간 자기 문화를 경시할 때 적용되는 이름으로 통한다. 이 과정은 개인이 자기 과목을 선택하고 자기가 할 수 있는 최선을 다해 배우는 것으로 구성된다. 그 방법은 엄청나게 확장되고 향상될 수 있는 것만은 틀림없다. 그 이유는 자기 교육을 하는 사람은 혼란스러울 때 자기를 안내할 멘토가 없고 경험 있는 조언을 통해서 이익을 얻을 수 있기 때문이다.

　　하지만 이것이 사실이 아니라고 할지라도 국가의 젊은이들이 다양한 직업에서 교묘히 실패하게 만들고 실질적으로 아무것도 성취하지 않는 시스템에 복종할 것을 고집하기보다 학교와 대학을 폐지하고 모든 사람이 스스로 변화하도록 하는 것이 훨씬 나을 것이다.

제16장

열린 지성 문

01 장의 주요 목표는 새로운 원리에 관한 교육계획의 정교화가 아니라 엄청난 양의 폐해를 초래한 시스템을 고집하는 철저한 어리석음을 지적하는 데 있다. 그러므로 교육이 진정한 선을 달성했다는 것은 증명할 수 없다.

우리 위인들은 학교 교육과정이나 학문훈련의 산물이 아니었다. 확인할 수 있는 한, 어떤 경우에도 인성의 고귀함, 천재성의 소유, 판단의 건전성, 심지어 문학적 표현의 아름다움은 소위 "교양 교육"의 조성에 필요한 문법 규칙, 사실 주입, 정신 체조의 단조로운 일에서 나오지 않았다.

최고의 지적 특성을 논하는 과학 분야의 위대한 발견자들은 대부분 전반적인 과학지식을 자기 교육으로 터득한 연구 방법에 빚을 졌다. 그리고 이는 사고능력이 최고 한계까지 발달해야 하는 모든 연구 분야에서도 마찬가지다. 즉, 학문훈련의 결과에서 나온 것은 아무것도 없으며, 모든 것은 정신의 주도성에서 비롯했다. 그것은 오직 자기학습의 반성 습관에서 만들어졌다.

정치, 과학, 예술, 문학의 모든 훌륭한 업적에 대한 공로를 교육 시스템에 주는 것, 심지어 공로를 공유하는 것조차 순전한 지적 나태함이다. 사물에 대한 기존 질서에 의문을 제기하기 위해 분투하는 사람이 거의 없으며, 의견 제작을 업으로 삼는 사람을 제외하고는 누구도 태양 아래서 어떤 주제에 대한 자유로운 의견을 표명하는 사람을 찾을 수 없다. 이는 시대적 저주이다.

신문이 현재 형태로 존재하는 이유 중 하나는 바로 이것이다. 주요 기사는 주로 어리석고, 전통적이며, 잘 교육받은 사람들의 발명품이다. 불행하게도 연대와 불규칙 동사에 대한 심오한 지식이 공공 업무에서 자기 판단을 방해하는 효과가 있었다. 더 프레스The Press는 유명한 북경 공보Peking Gazette처럼 원래 뉴스 보급을 위해서 설립했다. 그런데 오래전에 사람들이 기성품 의견을 선호하는 경향을 발견했다.

우리가 철도 운송이나 식탁에서 나누는 주변 사람들의 현명한 의견은 가판대에서 단지 1페니의 저렴한 가격으로 살 수 있는 단순한 지적 기성품에 불과하다. 신문이 하나만 있고 결과적으로 특정 주제에 관한 단 하나의 주요 기사만 있다면 정치토론은 자연사로 끝날 것이다.

위엄 있는 정치가나 고전적으로 훈련받은 석학이 그처럼 심오한 말을 쏟아내는 정치적 견해는 자신의 의견이 아니라, 대학교육의 혜택을 전혀 받지 않았지만 어두컴컴한 다락방이나 런던 신문사 거리의 우중충한 사무실에서 생계를 위해 글을 쓰는 몇 명의 가난한 악마들의 의견이다.

신문 기사의 가치나 정치적 통찰력을 그런 이유로 폄훼할 필요는 없다. 만약 학교나 대학에서 뇌가 젤리처럼 변해버린 보통교육을 받은 사람이 있다면 나는 오히려 그들의 의견을 수천 배 더 믿을 것이다. 하지만 요점은 변변치 않은 신문기자의 가치 있는 의견이 아니다. 소위 저학력자로 부르는 사람 중 일부가 최고의 교육이 수여한 모든 이익을 누리는 최고 학력자의 두뇌가 할 수 없는 정신작업을 수행하는 사실이다.

선거에서 노동자의 표가 교육받은 사람의 표보다 덜 현명하다고 판단하는 일은 거의 없다. 하지만 교육받은 사람은 자유롭게 생각하거나 적어도 타고난 독자적인 능력을 사용하는 반면, 노동자는 특정 정당의 부당성이나 다락방의 글쟁이 의견에 따른 다른 사람의 미덕을 믿는 것으로 만족한다고 말한다. 노동자들은 맥주를 좋아하고 그들도 그 사실을 알고 있다. 중국 문제, 남아프리카의 전쟁, 노동계급의 주택, 위대한 교육 논쟁은 모두 그들에게 맥주이다. 맥주값을 싸게 하거나 양조에 사용되는 비소의 비율을 규제하거나, 장관이 아닌 그의 지지자들에게 그런 명령을 내리고 극동에서 영국의 우월성을 유지하겠다고 약속하거나 국내법에 매력적인 정책을 제출하는 것은 정부다.

이런 마네킹 사회 성원의 대량생산이 초래한 결과는 당연히 소수 지식인이 정부를 쥐락펴락하게 한다. 대영제국의 표면적인 헌법이 무엇이든지 실권은 의회나 행정부가 아닌 지도력이 있는 몇몇의 사람들이 항상 행사한다. 행정부는 명목상 사회 귀족, 즉 소수의 가문과 그들의 수많은 친척의 손 안에 있다. 국가의 두 위대한 정당 중 어느 쪽이 권력을 잡더라도 정부는 당파의 구성원에 의해 항상 착취당하며 실제로 이들은 자신들과 직속 간부 사이에 관직을 나누어 갖는다.

하지만 영국의 귀족들은 모든 국가의 관직을 강탈하여 스스로 모든 요직을 확보했을지라도 실제로 국가를 통치하지 않는다. 토지 귀족이 통치에 정치적으로 가장 적합하다는 것은 말할 나위가 없다. 그들은 공공 생활에 부패와 바람직하지 못한 영향력을 미칠 수 있는 상업이나 산업에는 관심이 없다. 그러나 그들은 평범함을 만들어 내고 건전한 정치력에 필수 불가결한 상상력과 주도성의 바로 그 특성을 억압하는 교육 시스템의 점령자 지위에는 적합하지 않다.

필연적인 결과는 무엇인가?

모든 탁월한 지적 능력을 발달시키고, 자유롭게 판단하고 선례와 빌린 지혜를 배우는 대신 스스로 사고하는 습관이 몸에 밴 자수성가한 사람the self-made man은 채찍과 박차를 가지고 마네킹 정부에 오른다. 그는 여기서는 채찍을 휘두르고 저기서는 박차를 가하면서 자기 목적에 맞는 방향으로 말을 몰아간다. 자신의 정치 경력은 필연적으로 항상 반드시 불평등에 맞서는 싸움이기 때문에 국민의 이익 추구 앞에서 그들은 당연히 개인의 야망을 드러낸다. 디즈레일리가 정치사의 연보에서 비교 불가의 투쟁 끝에 성공한 것처럼 그는 동료집단보다 우위에 서야 한다. 그렇지 않으면 그는 파멸하고 만다.

그러나 그의 지위를 구축하는 필수품들은 자수성가한 사람을 공공 행정에서 특별히 바람직한 요소로 만들지 않는다. 디즈레일리가 상향이동을 위해 투쟁하는 과정에서 90%가 자신의 관련성을 부인하기 어렵거나 불가능한 상업적이거나 산업적 이익에 얽히게 되었다. 이런 수단에 의해 그리고 그의 정치 경력의 필연적인 모험적 특성 때문에 아무리 부당한 비방일지라도 디즈레일리는 의혹의 대상에서 결코 벗어나기 어렵다. 일단 이런 불신이 우리 공공 생활에 퍼지게 되면 반드시 의회 정부의 몰락이 뒤따를 수밖에 없다.

디즈레일리는 능수능란하게 총리직을 수행하면서 정치 생

활의 대부분을 보냈다. 자신의 목표가 성공하면서 그가 지닌 뛰어난 자질은 모두 국가의 이익으로 바뀌었다. 그러나 그 시점까지 그는 귀족정치에 대항하는 거대한 투쟁 과정에서 생존을 위해 사리사욕을 취하지 않을 수 없었다.

이는 항상 자수성가한 사람에게 해당한다. 그의 첫 번째 목표는 자기보존이어야 한다. 권력을 얻고자 한다면 그의 야망이 정점에 도달하기까지는 모든 사람의 손이 그에게 불리하기에 국가의 최대 이익과 관계없이 정치적 상황을 악용해야 한다.

정신 개발이 아닌 정신을 주입하는 학교와 대학은 정치가를 배출할 수 없다. 그것은 좋은 의미에서 훌륭한 사람, 즉 우리 공공 서비스가 충분히 저장하고 있는 평범함을 무제한으로 생산할 수 있다. 하지만 이런 과정이 계속되는 한 대영제국 행정부의 실권은 사실상 함량 미달의 몇몇 사람들의 손에 남게 될 것이다. 마네킹 총리와 마네킹 내각이 있을 뿐이다. 그러나 정책은 자기를 먼저 생각하고 국가는 두 번째로 생각하는 자수성가한 사람들이 세우고 그 결과는 일반적으로 국민복지에 재앙을 초래한다.

자수성가한 사람을 폄훼할 의도는 없다. 그는 항상 당대 최고의 지적 생산물이며 항상 그래왔다. 가장 훌륭한 정치가, 철학자, 과학자, 작가, 천재들은 스스로 만들거나 스스로 교육했다. 그러나 위대한 정치가들은 자수성가한 사람들이었기 때문에 국가에 이익이 되었고 그래서 국가 통치자들은 그 계층에서 배출되어야 한다는 주장은 아니다. 이미 지적했듯이 자수성가한 사람들은 항상 자신의 정치적 상승 이동의 투쟁 과정에서 많은 실수를 저지른다. 이런 실수는 자신의 개인 발전을 확보하는 대신 자신의 지위를 확보하여 자기 재능을 국가 재산으로 돌림으로써 후에 보상하는 것보다 훨씬 더 심각한 문제를 가져온다.

우리가 준비해야 할 국가비상사태를 반드시 기억해야 한다. 확장된 제국의 의무, 그리고 무역상 부대를 동원하기 위해 일부 강대국들이 개성을 대량으로 희생시키는 첨예한 무역 경쟁은 앵글로 색슨 인종을 보존하기 위해서 반드시 어떤 방책을 세울 것을 촉구한다.

지금 우리는 모든 국가를 진화의 역행으로 몰고 가는 정책을 모방해서는 안 된다. 개인의 자연적인 발달을 크게 희생하면서 일시적인 무역전쟁에서 승리하려는 책략은 매우 치명적이며 국가를 파멸로 끝낼 수 있는 근시안적인 정책이다. 교육의 오류가 아직 최악의 상황에까지 이른 것은 아니지만 그 방향으로 표류해가고 있다.

중앙정부의 총 에너지가 국가 시스템의 폐해를 완화하는 데 집중하게 될 때 교육 문제에 대한 국가의 간섭은 탁월한 성과를 올릴 수 있다. 그러나 이 나라의 정당과 정부 부처의 우두머리들이 끊임없이 변화하고 있는 것을 명심해야 한다. 오늘의 개혁자는 내일이 되면 역주행하는 평범한 사람으로 대체될 수 있다. 한 사람의 유익한 영향이 나중에 다른 사람의 해로운 간섭으로 소멸하지 않으리라는 보장은 없다.

우리 학교와 대학이 제공하는 파탄 형태의 교육을 국가가 독점하려는 방법을 찾는 대신 국가의 에너지를 모두 교육 시스템 자체의 혁명에 집중한다면 국가를 구원하는 데 더 도움이 될 것이다.

만약 교사들이 정형화된 유형의 인류를 제조하는 것 외에 더 나은 성취를 거둘 수 없다면, 인류의 발전은 그들의 도움이 없어야 더욱 빨리 촉진될 것이다.

결과적으로 교육의 주요 목적은 무엇인가?

교육의 목적은 모든 사람이 자기 능력과 재능을 발달시키도록 조력하여 자연이 그가 점유하도록 의도한 삶의 자리에 적합하게 안착하도록 안내하는 것이다.

하지만 청소년을 가르치는 전통적인 방법이 이런 목적을 성취하거나 심지어 목적으로 삼는다고 주장할 사람은 아무도 없다. 학교는 개인의 재능을 발견하거나 응원하는 시늉조차 하지 않는다. 학교는 학생에게 라틴어 문법, 수학, 역사, 지리학 등을 엄청나게 쏟아붓고 동료들이 획득한 것과 정확히 똑같은 정신 장비를 갖추고 과정이 끝나면 쫓아낸다.

이 책의 주된 목적은 이 거짓과 쓸데없는 교육 시스템이 초래한 부조리와 폐해에 관심을 집중시키는 데 있었다. 세상에는 문화와 천재와 관련된 유명한 사례들이 많이 있다. 이는 오비디우스의 시를 분석하거나 사실과 연대를 주입받은 누군가에 의해서 지극히 작은 이익이 조금이라도 나왔다는 사실을 증명하지 않는다. "모든 사람의 교육에서 가장 중요한 부분은 자기가 자기 자신에게 주는 것"이라고 월터 스콧^{Sir Walter Scott} 경은 말했다. 문자 그대로 그것은 인간이 선천적으로 타고난 정신을 개발하는 데 가장 작은 도움을 주는 유일한 부분이라고 덧붙일 수 있다.

내가 주장하려는 바는 지성에 문을 열어두어야 한다는 것이다.

오늘날의 교육 시스템은 특히 그 문을 굳게 닫아두는 데 적절하다. 교사와 코치를 피할 때 젊은이들의 재능은 성숙할 가능성이 있다. 가장 위대한 성취는 시니어 랭글러^{Senior wran-glers}와 발리올^{Balliol} 같은 학자들의 업적이 아니다. 그것은 클라이브와 웰링턴과 같은 교실 바보, 나폴레옹, 디즈레일리, 스위프트, 뉴턴과 같은 학교 게으름뱅이, 또는 스티븐슨, 존 헌터, 리빙스턴, 허셜과 같은 자기 학습자에 의해서 성취되었다.

개인의 정신을 개발하는 시스템의 합리적인 방법은 틀림없이 이런 변칙들을 모두 쓸어버릴 것이다. 고전이나 수학의 모든 지식을 소량의 상식과 판단과 기꺼이 교환하는 수많은 사람이 책임 있는 위치에 있다. 모든 사람이 자신을 스스로 생각하도록 촉진한다면 대영제국은 과거의 전통을 이어갈 훌륭한 일꾼들로 넘칠 것이다. 행정의 마네킹 부대는 시대와 함께 변화하고, 단순히 선례와 일상에 집착하는 대신 공중의 요구에 따라 공익에 봉사하는 자립적인 사람에게 자리를 양보할 것이다.

인류가 겪었던 고통은 거의 모두 인위적 방법으로 제조되었다. 섭리는 이 세계가 대다수 사람의 연옥이 되도록 의도하지 않았다. 우리는 스스로 우리 자신을 만든 것이며 진화가 의도한 것이 아니다. 우리가 오직 그것의 뿌리만 공격한다면, 우리가 자신의 파멸을 위해서 무식하게 제조한 수많은 폐해의 근절은 우리 힘 안에 있을 것이다. 인류가 자신에게 저지른 가장 큰 저주는 이름을 잘못 지은 "교육"이라는 자연적인 정신의 발달에 대한 임의적인 간섭이다.

The Curse of Education

교육 혁명*

해롤드 E. 고스트**

    날마다 교육 문제가 뜨거운 쟁점으로 부상하고 있다. 현대 문명사에서 마침내 젊은이들을 교육하는 교육 시스템에 뭔가 근본적인 오류가 있다는 사실이 명백해진 시점에 다다랐다. 적어도 일부 사람들은 이미 이 사실을 예견했다. 실패는 바로 우리 눈앞에 있다. 하지만 인간의 기이한 맹목성 때문에 대다수 사람은 한순간도 원인과 결과를 연결해서 생각하지 않는다. 우리는 현대 생활이 주는 일상적인 스트레스 때문에 우리 자신이 가장 해로운 사회악에 포위된 사실을 알면서도 대강 만족하며 그것을 피할 없는 것으로 여기며 지낸다. 그러나 불행하게도

---

* 이 논문은 해롤드 E. 고스트가 "교육의 오류(The Curse of Education)"를 출판한 9년 뒤 노던 아이오와 대학의 노던 아메리칸 리뷰에 게재했다.
** Gorst, E. H., An educational revolution, The North American Review, Mar., 1909, Vol. 189, No. 640 (Mar., 1909), pp. 372-385, http://www.jstor.com/stable/25106316

그 문제의 뿌리가 깊다는 점을 각성한 사람은 우리 중 극히 일부에 불과하다. 이는 과밀화, 경쟁, 퇴보 등과 같은 일상생활의 공통적인 경제 문제가 아니라, 인류의 정상적인 발전과 진보를 방해하는 어떤 근본적인 오류이다.

이 오류는 무엇인가? 사람들은 그것이 우리나라와 다른 나라의 젊은이들이 그릇된 이론뿐 아니라 실제로 파멸에 가까운 일반 원리에 기반하는 교육 시스템과 절대적인 관련이 있다고 주장한다. 나는 이런 주장을 새로운 것으로 보지 않는다. 이 어리석은 교육 이론이 수 세기 동안 어떻게 살아남았는지 궁금할 뿐이다. 나는 계속 추궁해 갈 것이다. 그 가능성은 과거에는 해로운 영향이 비교적 소수에게만 국한되었기 때문일 수 있다. 이 이론은 단지 지난 두 세대 만에 실제로 보편적인 시스템으로 확장되어 전 인구에 적용되었다. 그리하여 그 심각한 폐해는 이제 막 분명해져서 감지할 수 있게 되었다.

인도와 이집트에서, 아테네와 로마에 이르기까지 모든 고대학교는 강제적인 훈련을 강요하는 엄격한 지식 프로그램을 통해 모두 똑같이 가르치는 원칙을 충실히 따랐다. 이런 전통적인 방법은 중세의 교회 학교, 거기에서 발전한 라틴어 학교, 그리고 오늘날 학교로 이어졌다. 대부분의 경우 현대학교는 라틴어 학교를 모델로 삼아 발전했다. 구세계와 신세계의 모호한 귀퉁이에서 고립되어 일하는 소수 개혁가를 제외하고는 누구도 이 조잡한 구식 교육 이론의 건전성에 도전은커녕 의문조차 제기하지 않았다. 일단 어떤 것이 체계화되고 공식적으로 영구적인 사회제도로 조직화 되면 자유 사상가는 그것의 불완전성과 심각함을 파악하기 시작한다. 그러나 그는 전통에 얽매여 이 시스템을 맹목적으로 고수하려는 집단과 격렬한 충돌을 일으킬 뿐 아니라 편견에 뿌리를 둔 대중의 신념이라는 방해물에 맞선 자신을 보게 된다.

다음 사항에 대해 오해가 없기를 바란다. 지난 25년간 전 세계를 달군 엄청난 교육열은 학교 시스템의 개선과 확장을 향해 무섭게 퍼져 나갔다. 상상이 가능한 모든 종류의 교육 기부금을 동원하여 수백만 달러를 낭비했다. 특히 영국에서는 인간이 독창적으로 고안할 수 있는 매우 다양하고 복잡한 기구로 초등학교를 무장하는 데 막대한 예산을 아낌없이 쏟아부었다. 그 결과 영국의 지방세 납부자에게 부과된 재정 부담은 납세자를 부추겨 비용지수에 대한 막연한 항의를 빗발치게 만들었다.

교사 훈련 대학은 여기저기서 버섯처럼 자라나 가장 효율적인 방법으로 아이들에게 구속복을 입히고 최대한 부드럽게 그리고 확실하게 설득하도록 훈련시킨 교수자들을 마음껏 풀어 놓았다. 이 모든 일은 우리 자신의 지식 안에서 일어났고 지금도 계속되고 있다. 갈수록 심해지는 열성은 거의 정신 착란상태에 이를 정도이며 우리 눈앞에서는 대중의 찬양 합창곡

이 울려 퍼지고 있다.

하지만 이런 현대 교육의 에너지가 작동하게 될 원리에 맞서기 위해 과감하게 나서는 사람은 아무도 없다. 대다수 사람은 이 원리를 암묵적으로 수용했다. 그것은 최근 몇 년 동안 전체 교육 분야의 모든 틈새에 돈을 쏟아붓느라 경쟁을 일삼아온 그릇된 자선가 집단의 신뢰를 받았다. 그러므로 나는 학교와 대학 시스템이 비약적으로 발전하고 성장하고 있다는 사실을 조금도 부정하지 않는다. 하지만 나는 대중에게 이런 교육 소동은 어떤 이유로든지 진정한 개혁과 혼동해서는 안 된다는 점을 분명히 경고한다. 이것과 거리가 있겠지만 비록 선의일지라도 그런 오해는 위험하고 치명적이어서 세상이 저주해온 가장 큰 폐해 중 하나를 강화하고 증식한다.

미국과 영국은 기본적으로 똑같은 교육 시스템을 가지고 있다. 하지만 두 나라의 학교와 대학 시스템은 어떤 면에서 큰 차이를 보이기 때문에 문제를 세밀히 조사하기 전에 간단하게 비교할 필요가 있다. 우선 미국 시스템은 영국 시스템보다 훨씬 효율적으로 구축되어 있다. 미국은 개천에서 대학까지의 직통 경로를 제공한다. 이는 결코 한가한 자랑거리가 아니다. 영국의 교육은 여전히 절망과 혼란 속에 갇혀 있다. 초등학교는 혼란하고 불안정하며 낭비적인 방식의 구조로 되어 있다. 극히 소수에게 제공되는 장학금을 제외하면 대학으로 가는 길은 막혀 있다. 결과적으로 영국 노동 계급의 14세 아이들은 아무것에도 쓸모가 없으며 개성, 주도권, 특히 적성과 부합하는 것은 조금도 실현해보지 못한 채 표류한다. 가장 가난한 노동자의 아이가 18세까지 무상 교육을 받을 수 있다는 사실과 함께 미국 국민이 학교와 대학 교육의 이점을 얼마나 강조하는지, 그리고 국가와 개인의 이익이 된다고 믿는 기관을 지원하고 육성할 준비가 얼마나 잘 되어 있는지 미국 교육의 효율적인 조직은 이를 잘 증명한다.

영국과 미국 대학은 주로 정신적인 면에서 차이가 난다. 그것들은 모두 쓸모없는 유형의 학자를 배출하는 것 이외에 거의 적합하지 않다. 그러나 미국의 대학 당국은 적어도 실용적이고 실업에 종사하는 삶은 다른 유형의 사람을 필요로 한다는 점을 충분히 인식한다. 그들은 이런 인식을 바탕으로 적합한 사람을 훈련하고 공급하는 방법을 찾을 희망을 품고 끊임없이 실험한다. 어쨌든 이는 칭찬할 만한 일이다. 이는 대서양 이쪽편에 고등 교육의 가장 귀중한 정신이 스며들었다는 점, 미국 시민은 매우 실용적이어서 그들 시스템의 결함과 어딘가에 다른 심각한 실수가 있을 가능성을 무시하지 않는다는 점을 증명한다. 교육 사업과 직접 관련된 소수를 제외한 영국인들은 교육 문제에 작은 관심조차 보이지 않는다. 그러므로 개혁이 이루어지려면 분명히 내부에서 먼저 시작해야 한다. 내가 예전에 읽고 들은 것뿐만 아니라 내 짧은 미국의 현지 체험으로 미루어볼 때 미국의 전망은 영국보다 훨씬 더 희망적이다. 올바른 개혁 방향이 교육자들의 내부 집단에서 시작하여 결국 외부로 향할 것이다. 적어도 그들 중 일부가 현재 시스템의 부분적인 폐해를 알고 있다는 사실은 나 자신의 지식으로도 확인할 수 있다. 미국인이 시민으로서 무슨 결점이 있는지 나는 잘 알지 못한다. 하지만 그들이 교육 문제에 가장 강렬하고 실질적인 관심을 나타내는 점만은 확실하다. 영국의 부모가 깨닫지 못하고 있을 때 그들은 아이들의 교육이 가장 중요하다는 점을 바르고 정확하게 짚고 있다. 그들 중 일부는 현 제도를 따르는 맹목적인 신자일 수 있다. 그러나 대다수 사람에게서 시스템의 완벽함을 당연시하지 않는 많은 징후를 읽을 수 있다. 평균적인 미국인은 실용적일 뿐만 아니라 유연한 사람들이다. 그들은 이론에 영원히 얽매이지 않으며 자신이 본 것 중 절반만 믿는다. 미국 쪽에서 보면 반드시 간과할 수 없는 상황 요인을 발견할 수 있다. 즉, 미국 여성은 지적 불만으로 가득 차 있다. 그들은 배움을 몹시 갈망하며 이론이나 구식 전통에는 아무런 관심도 없다. 미국 여성은 미래에 고려해야 할 개인이다. 이들은 아이 교육에 관심이 많고 문제에 대한 편견을 떨치고 자신의 사고력을 적용하고 누구도 무시할 수 없는 문제에 새롭고 강력한 폭풍을 몰고 올 어머니이다.

현대 교육 방법의 가치를 판단하려는 사람들은 반드시 그 결과로 말해야 한다. 학교와 대학 자체의 목적과 직업을 조사해보아야 소용이 없다. 서구 문명의 전체 사회 조직은 변칙, 불의, 불평등으로 가득 차 있다. 그것들을 공평하게 조사하도록 하라. 그러면 똑똑한 관찰자라면 무엇보다 먼저 얼마나 많은 이런 악이 교육 시스템에서 개성을 끊임없이 억압하고 있는지 곧 이해하게 될 것이다. 우선 먹고살기 위해서 매일 거짓말을 하며 일해야 하는 직업에서 과연 얼마나 많은 사람이 정확한 소명을 발견하겠는가? 자신에게 적합한 일을 하면서 행복하고 만족함을 느끼는 사람들의 비율이 매우 낮은 것은 주지의 사실이다. 자기 적성과 맞지 않은 직업에 종사하면서 힘든 인간관계를 겨우 견뎌내며 실망 속에서 소모적인 삶을 살아가는 수많은 사람의 사례를 모르는 사람이 단 한 사람이라도 있겠는가? 월스트리트에는 비통해하는 작가, 사상가, 예술가, 음악가들이 있다. 목사 중에는 기술자나 전차 운전사들이 있다. 회계사 사무실에는 숫자놀이에 열중하는 자연주의자들과 농부들이 있다. 행정가로 가장한 학자들이 있다. 그리고 행동하는 사람들, 자칭 생산적인 신산업의 개척자들은 법률 사무실이나 회사 사무실에서 손발이 묶여있다. 초등학교 때부터 시작된 안타까운 이야기다. 그것은 개인에게 잔인함 이상으로 더 나쁜 짓이다. 그것은 국가의 비효율과 쇠퇴를 가져와 방방곡곡에 모든 직업의 평범함을 증식하는 병폐이다. 저명한 필라델피아 교수는 몇 주 전 내가 참여한 청문회에서 중도에 학업 과정을 포기할 수밖에 없었던 기술 대학 학생들의 높은 비율을 공개했다. 이유는 막판에 그들이 훈련받은 직업이 적성과 맞지 않은 사실이 드러났기 때문이다.

이는 평범함을 제조하고 개인을 대대적으로 잘못 배치하는 인간적 측면이다. 이제 경제적인 측면으로 넘어가 보자. 해마다 정확히 똑같은 정신 장비를 갖춘 사람의 대량생산은 재앙을 초래하지 않는가? 모든 사람은 노동력의 과잉 공급이 시장에 미치는 불행한 결과를 알고 있다. 그러나 모두 장식에 불과하고 쓸모없으며 설익은 문해 소양을 갖추고 대학을 나서는 졸업생의 과잉 공급도 역시 비참한 결과를 초래한다고 주장하는 사람은 아무도 없다. 미국은 여전히 무한한 자원과 기회의 나라라는 상황이 작용했기 때문에 모든 교육기관이 만들어내는 이런 획일성의 관행이 가져오는 최악의 경제적인 손실은 면할 수 있었다.

그런데도 악은 그곳에 서서히 국가의 심장부로 파고들고 있다. 영국과 같이 오래된 나라에서 기계적으로 찍어내는 이런 학생들의 대량생산이 초래한 끔찍한 경제적 폐해는 너무 자명하다. 소송 의지가 없는 법정 변호사, 삼류 문인, 꿈을 잃은 대학생, 굶주린 성직자, 환자가 없는 의사, 다락방의 비평가, 남루한 철학자들은 해변의 자갈만큼이나 흔하게 널려 있다. 사람들은 어깨를 으쓱하며 어쩔 수 없는 삶의 실패라고 넌지시 암시하며, 너무 게으르거나 너무 무관심한 나머지 현대 문명의 그런 일상적 특징을 추적할 수 있는 원인조차 찾지 않는다. 심지어 교육 당국조차도 진실을 어렴풋이 포착하고 있을 뿐이다. 아일랜드 대학 총장은 지난 10월 학생들에게 연설하는 과정에서 다음과 같이 말했다.

"졸업 후 재능을 발휘할 출구가 없는 고학력 청년들이 다수 존재하는 현상은 어느 나라에나 닥칠 수 있는 가장 중대한 위험 중 하나입니다. 젊은이들에게 최고의 교육을 제공하고 그저 세상에 풀어놓는 것은 사악한 짓이며 이런 모욕을 당할 필요는 없습니다. 벨기에나 독일과 같이 안정된 나라에서는 학생들이 대학을 떠날 때면 그들을 붙잡아 두고 가고자 하는 방향의 길로 안내하는 정부나 민간 차원의 계획이 있습니다. 삶의 전체적인 경향성은 이제 남성들이 특수한 방향, 전기, 공학, 의학, 산업, 상업 등을 선택하고 그 일을 가장 빠른 순간부터 점진적으로 추구하는 것입니다. 전문성은 오늘날 가장 위대한 산물 중 하나입니다. 지금 내가 말하는 것은 특화된 일과 특화된 훈련입니다."

이런 학문 교육의 문제에는 또 다른 면이 숨어있다. 바로 생리학이다. 모든 사람에게 강요하는 보통 교육의 전체 계획은 고전적이든 수학적이든 아니면 성격상 그 어떤 것이든 사실적 지식, 준비된 견해, 다른 사람들에게서 빌려온 생각과 성찰로 정신을 채우는 작업을 필요로 한다. 이런 주입과정은 자연스러운 과정이 아니라 인위적인 과정이다. 이 때문에 이런 교육 원리의 나쁜 점과는 전혀 별개로 그것은 실제로 뇌에 해를 끼친다. 이는 비전문가의 단순한 주장이 아니다. 아마 장학금, 학위 통과, 시험 등으로 인한 과로로 정신적 붕괴상태를 경험하지 않은 사람은 거의 없을 것이다. 심지어 직접 관련이 없는 뇌조차, 특히 가장 지적인 재능의 뇌를 위협하고 생채기를 내는 정신 훈련 시스템은 올바른 정신 발달의 방법으로 볼 수 없다. 영국 최고 정신전문가들은 어쨌든 교육이 결코 건강한 방향으로 가고 있다고 생각하지 않는다. 몇 년 전 영국 교육부 장관의 개인 비서직을 맡았을 때 나는 이 점을 조사한 적이 있다. 다른 일을 살피는 과정에서 나는 정신 분열에 관한 두 명의 가장 위대한 전문가인 새비지Savage 박사와 모들리Maudsley 교수로부터 답변을 받았다. 그들의 편지는 현재의 초등학교와 학업 방식에 대한 가치 있고 의미 있는 비평을 담고 있어서 전문을 공개한다.

새비지 박사는 다음과 같이 말한다.

"나는 지금 내 경험을 바탕으로 주입식과 과잉교육이 미치는 악영향에 대해 답장을 씁니다. 우선 지혜롭고 건강하게 공부할 때 일어나는 순수하고 단순한 과로가 정신질환을 일으키는 경우는 극히 드물다고 말해야겠습니다. 먼저 예민한 소년이나 소녀는 종종 유난히 똑똑하고 발전적이어서 아이에게 적절한 정도를 넘어 과도하게 열심히 학습하도록 장려될 가능성이 있습니다. 다음으로 아이의 전반적인 건강은 과로의 원인이 될 수 있는 공부량에 큰 영향을 미칩니다. 나는 가장 나쁜 해악은 유망한 아이들을 닦달하고 강요하는 일이며 다음으로 나쁜 것은 제대로 먹지 못하는 아이들을 재촉하고 억압하는 일이라고 믿습니다.

나는 고전의 중압감이 수학보다 더 많은 신경쇠약을 초래한다고 생각합니다. 그러나 그것에서 성급한 결론을 내리는 일은 경솔할 수 있습니다. 그 이유는 내가 우연히 케임브리지 남자들보다 옥스퍼드 남자들을 더 많이 알고 있을지 모르기 때문입니다. 그러나 지금 내 인상은 옥스퍼드의 발리올Balliol에서 배출하는 학생 훈련은 위험합니다. 만약 아이가 억지로 운동을 하게 되면 몸은 해를 피할 수 있습니다. 하지만 여기서도 시달릴 것이 확실한 소년은 게임을 피하는 소년입니다. 나는 당신이 필요로 하는 특별한 사례를 제공하기는 어렵다고 생각합니다. 나는 모든 대규모 공립학교가 다음과 같은 유형의 소년을 배출한다고 생각합니다. 즉, 허약하고 놀지 않고 소화력이 약하고 혈액순환이 약한 소년. 그들은 장학금을 받기 위해 열심히 읽고 공부합니다. 어떤 학교에서는 그들이 원하는 거의 모든 시간까지 밤샘을 허용합니다. 그들은 영양 상태가 좋지 못하고, 그들의 학업량은 따라가기에 너무 많습니다.

특별히 고전이나 수학 능력을 길러야 할 필요가 있는지 모르겠지만 재능 있는 소년에게는 항상 위험이 따릅니다."

모들리 교수는 초등교육에 대해 다음과 같이 말하고 있다.

"당신에게 필요한 실질적인 도움을 주지 못해서 미안합니다. 나는 내가 관찰한 사례를 기록으로 남기지 않습니다. 비록 한 과목을 잘 가르치더라도 아이들이 생각하도록 가르치지 않고 조금이라도 주입하는 학교 교육 시스템이라면 아마 정신 쇠약에 일부 책임이 있을 것입니다. 하지만 주된 해악은 적절한 정신 발달을 억압하고 질식시키는 데 있습니다. 건강한 아이의 왕성한 뇌는 주입에 시달리면 그것을 금방 잊어버립니다. 둔하고 멍청한 뇌는 그 어리석음으로 자신을 보호합니다. 학교 게시판의 어리석은 말을 심각하게 받아들여 실제로 무너지거나 영구적인 상처를 받는 것은 아마 신경증 아이의 약하고 예민한 뇌일 것입니다. 미발달된 정신은 소위 우리 교육 시스템의 가장 큰 잘못입니다."

내가 고발하는 초등학교 시스템, 국가의 아이들에게 보통 교육을 제공하는 시스템에는 특별히 유의해야 할 세 가지 이상의 매우 심각한 사항이 있다. 첫째, 국민 대다수에게 비열한 속임수를 사용하여 학교가 제공하겠다고 공언한 훈련의 실질적 가치를 사람들이 자신도 모르는 가운데 믿게 한다. 즉, 사람들은 학교는 아이들에게 필수 불가결한 지식을 가르치고 우월한 지위를 제공하여 출세를 보장한다고 믿는다. 정말 한심한 믿음이다. 평범한 지능의 몰비판적인 사람도 그것이 얼마나 현실과 동떨어진 이야기인지 너무 잘 알고 있다. 실용적인 목적이 무엇이든지 초등학교는 아이들에게 적합하지 않다. 그들이 얻는 순이익은 나중에 밥벌이할 나이가 되었을 때 마주하는 현실이 자신과 맞지 않다는 사실을 알게 되는 점이다. 부모의 망상을 공유하는 이런 상당수의 피해자는 교육 자격증을 잘못 이해하여 정직한 노동자를 경멸하고, 심지어 숙련된 장인의 기술을 사무원이나 단순 노동자의 기계적인 일보다 열등하다고 얕잡아본다. 이는 기계적인 일이 그들 위에 있는 계급의 초라한 모조품이기 때문이다.

둘째, 부적절한 교육은 종종 악함과 부정직함의 명백한 원인이 된다. 이는 범죄 기록상 충분히 증명되었다. 현재 교육 시스템이 범죄자의 제조에 일조한다는 데는 거의 의심의 여지가 없다. 영국 교육 위원회의 공적인 자격으로 나는 이 주제에 대해 주요 교도소 소장과 서신을 교환했다. 지역사회의 특정 계층에 제공되는 피상적인 보통 교육의 유해성에 대한 내 의심은 질문에 대한 답변으로 말끔히 해소되었다. 교도소장 중 한 사람이 영국 교육부 장관에게 보낸 편지 중 중요한 몇 가지 부분을 발췌했다.

"교육 시스템이 자만심, 불만, 규율과 권위에 대한 불복종, 야망의 위험성 국면을 쉽게 조성하는 경향이 있으며 이는 오늘날 만연된 범죄 종류의 결과로 나타났다는 것이 현재 교육에 대한 내 견해입니다. 모든 종류의 과학적인 정보를 조금만 왜곡해도 지적 난독증을 유발하여 실제 삶과 삶의 근원을 해롭게 만듭니다. 오늘날과 같은 전문가 시대에 젊은이들이 삶에서 확실히 추구할 필요가 있는 것을 철저히 배우지 못한다는 사실은 놀라울 뿐입니다. 나는 이런 피상적인 교육은 자기만족뿐 아니라 자기기만을 동반한다고 믿습니다. 이는 젊은이들이 출세하려는 욕망에서 정당성보다 부정직한 삶의 수단으로 거짓된 지위를 누리며 더 잘 살기 위해 도박과 요행수를 노리게 만듭니다.

"나는 실패한 사람들을 많이 보았으며 이들은 그곳의 모든 사람이 인정하는 사례입니다. 이들은 그런 그릇된 생각이 머리에 박혔다고 탄식합니다. 젊은이들은 이제 수많은 명예롭고 유용한 직업을 그들의 발 밑에 있는 하찮은 것으로 바라봅니다. 일반적으로 더 나은 사회적 지위를 제공할 것 같은 직업으로 몰려들고 있습니다. 나는 이는 대부분이 초기 교육의 실패 때문이라고 생각합니다."

셋째, 긴급한 사회 문제는 가난하고 무지한 인구가 몰려 있는 대규모 산업 단지에서 발생하지만, 이는 미국보다 영국에서 더 일반적이다. 초등학교의 시스템은 수많은 사람의 생명을 희생시킨 책임이 있다. 런던, 뉴욕을 비롯한 대도시에서는 유아 사망률이 거의 일반 사망률과 맞먹는 놀라운 비율을 보고 받고 관계 당국의 비상등이 켜졌다. 이 높은 사망률의 직접적인 원인은 아기들의 음식과 보살핌에 관한 엄마들의 무지에 있다. 런던의 산부인과학회장은 영국인의 신체 악화 문제를 조사하기 위한 위원회의 위원으로 임명되기 전에 증거를 제출했다. 그는 어머니의 변인과 관계없이 85%의 아이들은 신체적으로 건강하게 태어났다고 말하면서 자연은 모두가 공정한 출발을 의도했다고 선언했다. 수많은 저명한 의료계의 종사자들은 유아에게 음식을 제공하는 부모들의 무지를 증언했다. 소녀들이 엄마가 되자마자, 그들에게 가사에 대한 기초를 가르치기 위해서 건강 도우미들과 지역 지원센터 사람들이 소녀들의 집으로 쇄도하는데 이는 우리 교육 시스템의 씁쓸한 풍경이다. 그러므로 소녀들에게 실질적인 훈련을 소홀히 하는 한, 교육 시스템은 엄마들의 무지에서 기인하는 높은 유아 사망률에 대한 책임을 져야 한다.

현재 교육 시스템은 여러 가지 혐의로 고발할 수 있으나 그 저변에 있는 근본적인 오류는 학교 교육이 강제적으로 개성을 억누르고 모든 신체를 똑같은 모양으로 제조하며 제조 과정에서 뇌에 끊임없이 지식을 주입하여 유전적인 재능과 개인의 특성을 질식시키는 점이다. 이는 너무 뻔하고 자명한 사실인데 어떻게 학생과 행상인뿐만 아니라 실용적이고 활달한 남성 세대들이 의심 없이 그것을 계속 승인하고 지지했는지 생각할수록 놀랄 뿐이다. 모든 사람은 현대 교육이 바로 그들의 코밑에서 정신과 개성을 파괴한 증거를 제시할 수 있다. 학교에 가기 전 아이들은 삶의 기쁨, 생산적인 활동, 관찰, 탐험에 대한 열정으로 하루하루를 즐겁게 보냈다. 하지만 그들이 교실에 들어가는 순간 모든 것이 바뀌었다. 기쁨, 활동, 지식과 탐구에 대한 갈증 등, 모든 것들은 단숨에 사라졌다. 이리저리 움직이는 것, 거부할 수 없는 창조적 충동에 따르기 위해 손을 사용하는 것 등 아이들은 아무것도 하지 못하고 가만히 앉아 있을 수밖에 없다. 아이들은 스스로 탐구하는 대신 지루하고 진부한 사실들이 그들의 정신을 체계적으로 채워가는 새롭고 비현실적인 세계로 들어간다. 자연발달의 영향으로 당장 확대되어야 할 상상력은 축소되고 시들어간다. 뇌는 먼저 무뎌지고 다음에 억눌린다. 대중의 적대감에 직면하여 여기저기 세워져 있는 몇몇 실험학교들을 제외하고 생산적인 활동은 멸절된다.

인간 발달의 과학적인 순서에 따라 젊은이들을 체계적으로 교육하는 이런 범죄적인 방법에 혁명이 일어나야 한다. 혁명이 장기간 지체될수록 인류는 더 나빠질 것이다. 진화는 능력을 사용하게 되면 단종될 수 없다는 사실을 우리에게 가르쳐주었다. 이 점에서 자연의 법칙은 변함이 없다. 근육이나 뼈, 감각이나 개인의 특성은 사용하지 않으면 발달하지 못하고 결국 소멸하고 만다. 우리 교육 시스템은 아이가 특별히 타고난 능력 배양을 소홀히 한다. 그것이 무엇인지 발견하려는 시도조차 하지 않는다. 사람들은 그런 계획에는 너무 많은 교육비용이 들기 때문에 모든 아이를 위해 교사가 각 아이에게 개입해야 한다고 생각한다. 그래서 일반적인 지식의 표준을 적당히 손보아 그것을 전체 신세대에게 반복적으로 훈련하는 차선책을 일반적인 것으로 받아들인다. 이는 어려움을 극복하고 비용을 절감한다고 하지만 그 이면에는 수 세기 동안 이어온 전통의 이점이 있다. 이런 방치 결과는 후대에 반드시 대가를 치를 것이다. 교육이 미발달 상태로 있게 될 뿐 아니라 실제로 정형화된 통로로 정신을 강요하고 능력을 억제함으로써 만물의 자연적 체계에서 반드시 멸절할 것이다. 이리하여 타고난 재능과 개성은 점차 소멸할 것이다. 지적 면이나 심지어 신체적 면에서 약해진 미래 인종은 엄청난 평범함과 획일성으로 점점 더 낮게 가라앉을 것이다.

모든 문명국가에서 계몽 교육자들은 이 위험의 심각성을 깨닫기 시작하고 있다. 이런 위험의 확산을 저지하기 위해 조롱과 반대에도 굴하지 않고 모험적인 방책을 찾고 있다. 독일은 이미 이런 방면의 실험을 하고 있다. 독일이 유능한 평범함을 성공적으로 제조한 점에서 다른 국가보다 앞서 있을지라도 이 점의 우월성 때문에 독일이 국가에서 가장 훌륭한 지적 재료, 즉 독창적, 창의적, 행정적, 진보적 자산이 급속히 파괴되고 있는 사실을 일부 독일의 최고 지식인들은 파악하고 있다. 뮌헨, 아마 다른 곳에서도 개인의 경향성을 발견하고 발달시키기 위해 가장 훌륭한 기관들을 실험적으로 설립하고 있을 것이다. 독일과 같은 실용적인 나라에서 그런 기관이 성공하면 공립학교와 대학 교육의 면모를 일신할 수 있을 것이다. 이런 생각은 영국 학교 시스템의 틈과 모퉁이에서 소리 없이 일하는 영국 교육자들을 매료시켰다. 하지만 영국에서 가장 막강하고 결단력 있는 교육부 장관조차도 짧은 5~6년간의 재임 기간에 자신의 길을 가로막는 개혁의 장애물, 가장 완고하고 보수적인 영국의 철밥통 공무원들을 이겨내기란 거의 불가능한 것을 알게 될 것이다.

　미국은 매우 상식적이며 실용적인 성격의 교육 혁명을 강력히 추진하려는 기운이 넘친다. 신대륙의 대도시에서는 다른 곳과 마찬가지로 개혁가들이 올바른 방향을 향해 바쁘게 나아가고 있다. 현대 교육의 해로운 영향에도 불구하고 그들의 노력을 방해하는 것은 지금까지 성취한 번영과 진보이다. 수많은 성취를 경험한 열성적인 미국 시민들은 그들의 미덕과 업적을 보편적인 무상 교육과 모든 학교와 대학의 성취 결과로 돌릴 준비가 너무 잘 되어 있다. 정말 효율적으로 조직된 교육 시스템단순히 하나의 "시스템"으로 간주에 대한 이런 자연스러운 감탄은 결국 미국의 패배를 증명할 것이다. 하지만 만약 내가 미국인의 성격 중 일부를 이해하는 점에서 말하면 미국인들은 일단 한번 의심하고 나면 재빨리 잊어버린다는 사실이다. 이는 다소 희망적이다. 미국인들은 구세계의 거주민들처럼 전통에 얽매이지 않는다. 그들은 거의 지나칠 정도로 감정에 치우치지 않는 냉정한 실용주의자들이다. 교육의 부족함이 드러나고 잘못된 원칙에 근거한 것으로 판명되면 미국에서는 여론의 압력에 따라 저항할 수 없는 교육 혁명이 일어날 것이다.

이 혁명은 어떤 방향으로 향할 것인가? 계몽된 개혁가들이 주장하고 수행하는 일을 이해하는 범위에서 말하면 나는 여러 나라에서 일어나는 궁극적인 혁명은 먼저 보통 교육의 전체 틀을 뒤집는 방향으로 나아갈 것으로 예측한다. 이런 개혁가들이 보통 교육이 그 자체에 내포한 위험성을 얼마나 깨닫게 될지 나는 섣불리 말하지 않을 것이다. 그들 대다수는 틀에 박힌 사실의 주입이 개성과 상상력을 파괴하는 것이 아니며 손뿐 아니라 정신도 '훈련되어야 한다.'라는 가정하에서 활동하는 것처럼 보인다. 이 길을 따라가면서 그들은 점차 진실 위에서 비틀거릴 것이다. 그들 나름의 방법에서 개선책이 나오겠지만 구원은 훨씬 더 과감하고 혁명적인 노선에서 추구되어야 한다.

개인의 정신 파괴와 나란히 손을 훈련하는 일, 즉 기존 학교 시스템 안에서 시도하려는 교육개혁은 단지 반쪽짜리에 불과하다. 이는 현재 교육 시스템의 폐해를 완화하는 칭찬할 만한 노력이지만, 완화 이상은 기대할 수 없을 것이다. 진짜 문제는 타고난 성향과 개인의 재능을 보존하고 육성하는 일이다. 수작업 훈련은 이런 방향에 약간의 도움이 될 수 있으나 일반 지식으로 정신을 채우는 보조 기능을 하는 까닭에 대체로 그런 노력은 실패로 돌아간다. 그것은 진정한 교육의 최우선적인 의무를 다하지 않기 때문에 현재의 폐해를 교정하는 방법으로는 크게 실패할 것이다. 그 이유는 각 아이의 개인적 성향을 발견하기 위한 설정 자체가 직접적이고 과학적인 방법으로 되어 있기 때문이다.

　이런 가장 중요한 첫 번째 교육목표를 달성하기 위한 실행 가능한 방법은 단 하나뿐이다. 아이들의 능력과 성향을 사전에 조사조차 하지 않고 지역사회의 일반 구성원들에게 필수적인 것으로 생각되는 지식을 가르치기 위해 아이들을 초등학교에 보내서는 안 된다. 이런 학교들은 그 나라에서 수백, 아마 수천, 수백만 달러의 비용이 들었을 것이다. 어쩔 수 없지만, 초등학교는 빨리 폐지할수록 국익에 유리하다. 아무리 훌륭하게 가르치더라도 이런 학교들은 국가의 미래와 위대함이 달린 개성을 대량으로 파괴하는 온상이다. 그것은 진정한 교육의 원칙이 건강하게 실현될 수 있는 새로운 종류의 기관, 즉 건설적이고 교육적 측면에서 훨씬 더 광범위한 기반 위에서 구상한 요건에 맞게 재건될 수 없다면 백해무익할 것이다. 그 이유는 아이의 개인성향을 연구할 장치가 기존 유형의 학교에는 없기 때문이다. 이는 하나의 위대한 기관 차원에서 모든 생산활동을 포괄하는 그런 범위에 개인의 역량을 제공하는 기회를 보장할 때만 실현할 수 있다. 즉, 그것은 다양한 종류의 작업장, 실험실, 부엌, 정원, 농장이 필요하며 가능한 한 광범위한 모든 활동 영역을 포함해야 한다. 이리하여 아이들은 관심거리가 넘치는 실제 세계에서 자유롭게 해방되어 정신적이고 신체적 억압을 전혀 받지 않고 그곳에서 자신의 취향을 스스로 드러내서 개발하는 충분한 기회를 누릴 것이다. 숙련된 지도에 따라 배치하면 비교적 짧은 기간에 각 아이의 광범위한 능력을 확인하는 것은 그리 어렵지 않을 것이다.

이는 분명히 어느 정도는 순전히 학문 교육으로 나아가는 자연스러운 성향을 나타낼 것이다. 하지만 보다 실용적이고 신체적인 영역의 능력을 나타내는 대다수는 결국 개인의 필요에 따라 새로운 유형의 학교로 가야 할 것이다. 이런 기관들은 자연스럽게 광범위하고 독특한 집단으로 나누어진다. 예를 들어, 첫 번째 집단은 학문과 과학 연구를 받아들일 것이다. 두 번째는 공학, 다른 기계적인 직업, 세 번째는 예술과 공예, 네 번째, 농장과 농업, 다섯 번째는 산업, 상업, 금융 등등. 정상적인 아이들은 모두 성향에 따라 광범위한 특정 활동 영역에 속하게 될 것이다. 그러므로 훌륭한 선발 기관에서 먼저 아이의 개인 성향을 발견한 후 아이가 받아야 할 특별한 교육과정을 부모들에게 추천하는 것이 교육자들의 의무일 것이다. 아마 기존의 많은 기술 대학과 다른 교육 기관들은 약간 손질을 거치면 위에서 제시한 광범위하고 독특한 집단으로 나누어서 제공하는 이 특별한 교육에 쉽게 적응할 것이다.

나는 단지 내 생각에 따라 임박한 교육 혁명이 어떤 방향으로 진행될지 대강 보여주기 위해 노력했을 뿐이다. 이 제안의 가장 중요하고 피할 수 없는 특징은 내가 스케치한 바와 같이 개인의 능력을 발견하고 장려하기 위해 모든 초등학교를 폐지·파괴하고 대신 학교 건물이 아닌 워크숍과 같은 그런 제도로 대체하는 것이다. 그런 방법으로만 오직 퇴보를 막을 수 있고 미래 문명 세계에서 지적으로, 도덕적으로, 산업적으로 가장 중요한 위치를 성취하고 유지할 수 있는 강하고 건강한 국가를 건설할 수 있다.

찾아보기

저자 소개
해롤드 에드워드 고스트

해롤드 에드워드 고스트(1868~1950)는 영국의 작가이며 언론인이다. 그는 작가이자 극작가인 니나 세실리아 프란체스카 로즈 케네디(Nina Cecilia Francesca Rose Kennedy, 1869~1926)와 결혼했다. 사후 수많은 저서를 남겼는데 대표적인 저서로는 중국(China, 1899), 제4당(The Fourth Party, 1906), 인생의 대부분은 웃음(Much of Life is Laughter, 1936), 교육의 오류(The Curse of Education, 1901) 등 다수가 있다. 그의 저서는 120년이 지난 최근까지 계속 출판되어 온라인은 물론 오프라인 서점에서 많은 독자의 사랑을 받고 있다.

역자 소개
황기우

황기우는 고려대학교 대학원에서 교육사회학을 공부했다. 고려대학교교육문제연구소 연구교수로 일한 적이 있다. 총신대학교 기독교교육과 교수로 재직하다 정년퇴직했다. 현재는 한국 언스쿨링 연구소 소장으로 일하고 있다. 주요 저역서에는 『교사의 권력』, 『21세기 교사의 역할』, 『영감을 주는 교사』, 『교사 리더십』, 『통합사회의 한국교육/공저』, 『공교육의 미래』, 『언스쿨링』 등이 있다.

교육의 오류

초판발행	2020년 10월 20일
지은이	Harold Edward Gorst
옮긴이	황기우
펴낸이	노 현
편 집	배근하
기획/마케팅	이선경
표지디자인	벤스토리
제 작	고철민·조영환
펴낸곳	㈜ 피와이메이트
	서울특별시 금천구 가산디지털2로 53 한라시그마밸리 210호(가산동)
	등록 2014. 2. 12. 제2018−000080호
전 화	02)733-6771
f a x	02)736-4818
e-mail	pys@pybook.co.kr
homepage	www.pybook.co.kr
ISBN	979-11-6519-087-3 93370

정 가   13,000원

박영스토리는 박영사와 함께하는 브랜드입니다.